The Love Triangle

The Love Triangle

A Love Story in Simplified Chinese and Pinyin

654 Word Vocabulary
Includes English Translation

Written by Jeff Pepper
Chinese Translation by Xiao Hui Wang

This book was originally published as "The Love Triangle, A Story in Simplified Chinese and Pinyin, 1200 Word Vocabulary."

This is a work of fiction. Names, characters, organizations, places, events, locales, and incidents are either the products of the author's imagination or used in a fictitious manner. Any resemblance to actual persons, living or dead, or actual events is purely coincidental.

Copyright © 2022 by Imagin8 Press LLC, all rights reserved.

Published in the United States by Imagin8 Press LLC, Verona, Pennsylvania, US. For information, contact us via email at info@imagin8press.com, or visit www.imagin8press.com.

Our books may be purchased directly in quantity at a reduced price, visit our website www.imagin8press.com for details.

Imagin8 Press, the Imagin8 logo and the sail image are all trademarks of Imagin8 Press LLC.

Written by Jeff Pepper
Chinese translation by Xiao Hui Wang
Cover and book design by Jeff Pepper
Artwork by Next Mars Media, Luoyang, China
Audiobook narration by Junyou Chen

Based on "Lotus Fragrance", a story from the book *Strange Tales from a Chinese Studio* by Pu Songling, published by Penguin, London, 2006. The original Chinese version was published in 1740.

ISBN: 978-1959043072
Version 10

Acknowledgements

We are deeply indebted to Pu Songling, the original author of this story, as well as Norman Hinsdale Pitman who originally collected these four stories and published them in *A Chinese Wonder Book* (1919, E.P. Dutton & Co., New York).

Many thanks to the team at Next Mars Media for their terrific illustrations.

Audiobook

A complete Chinese language audio version of this book is available free of charge. To access it, go to YouTube.com and search for the Imagin8 Press channel. There you will find free audiobooks for this and all the other books in this series.

You can also visit our website, www.imagin8press.com, to find a direct link to the YouTube audiobook, as well as information about our other books.

Preface

This book is a retelling of a Chinese short story called "Lotus Fragrance" (莲香, liánxiāng), from *Strange Tales from a Chinese Studio* (聊斋志异, liáozhāi zhìyì), a book written by Pu Songling and published by his grandson in 1740.

First, as you can probably gather from the title and the cover artwork, this is not a book for young children. It's about a love affair involving three people, though "people" is a bit of a stretch as you'll see when you read the book. There is no graphic sex in the story, but there are lots of references to the characters engaging in both casual sex and more serious lovemaking.

Chinese people in the 18th century were much more relaxed than their European and American counterparts when it came to sexual matters. In Pu's stories sex is something that occurs naturally between men and women, although things get more complicated when one or more of the participants are supernatural beings. Daoism teaches that qi (气) is the force that sustains all life, and jing (精) is the force of qi within the human body. Jing can be cultivated through sex but it can also be depleted through loss of bodily fluids, especially by ejaculation in men. Thus, Daoists believe that a person must conserve their jing to preserve their health and longevity, and be careful not to let one's sexual partner suck out their sexual energy, either deliberately or simply as a byproduct of having sex.

In Pu's time, ghosts and fox spirits were both believed to be sexual vampires, seducing their human partners through their beauty and their lovemaking skills, and leaving their victims drained of jing often to the point of death.

In this story, though, our simplistic expectations about fox spirits and ghosts are turned on their heads. The characters that we expect to be destructive – the beautiful fox spirit Lotus Fragrance and the young and willowy ghost Li – are complex individuals, capable of the full range of human emotions. This is what makes this story so much more than just a simple "strange tale."

The "strange tale" or "weird account" (志异, zhìyì) is a type of literature common in China at the time, and Pu's book is probably the most famous example. John Minford describes a zhiyi as "a pithy narrative of some strange event, a laconic record of some grotesque creature, of a haunting, a bizarre person, a peculiar phenomenon or coincidence."[1] Pu's strange tales take us into a world where the natural and the supernatural flow together easily, where strange things often happen to

---

[1] Pu, Songling, and John Minford. *Strange Tales From a Chinese Studio*. London, New York. Penguin, 2006.

ordinary people, and where the real world is revealed to be much weirder than we thought. His stories include single-page accounts of bizarre encounters and creatures, short stories describing someone's experience with the supernatural, and a few longer and more complex tales like "Lotus Fragrance."

Pu claimed in a note at the end of "Lotus Fragrance" that he heard the story while he was stuck at a roadside inn due to bad weather. The story, he says, was told to him by the cousin of Sang, the main character in the book, and he says "it was well over ten thousand words long; what I have given here is merely the gist of it." This may or may not be true of course. There is no known record of the original story that Pu heard at the inn, and we don't know anything about the missing details.

The original "Lotus Fragrance" was written in Classical Chinese, the language used for classic literature from about 500 BC to 1920. It bears roughly the same relationship to modern Chinese that Latin does to Italian and Sanskrit to modern Hindi. Full of classical allusions and elliptical writing, classical Chinese is notoriously difficult to translate to English. Several Western scholars have attempted to translate Pu's collection, and in our opinion the best by far is John Minford's 2006 translation and commentary.

We used Minford's translation as our primary source

material, as well as Herbert A. Giles' somewhat prudish 1880 translation[2] and of course the original Chinese version.[3] However, we've made a few major changes in order to create something that non-Chinese people can read, understand and enjoy. First, we've greatly simplified the language, retelling the story using just the 1200-word HSK4 vocabulary plus a few dozen additional words as needed. We've changed the narrator's point of view from third-person to first-person to simplify the language and improve readability. And because some elements of the story can be a bit confusing to non-Chinese people, we've added some explanation in footnotes as well as in the story itself. As with our other books, each page of Chinese has a facing page of pinyin, and in the back of the book is an English translation and a full glossary.

We hope you enjoy the result. If you wish to take a deeper dive into Pu's writings, please pick up a copy of Minford's wonderful book, which provides an introduction to the life and times of the author as well as 104 stories selected from the nearly 500 originally written by Pu.

A complete audio version of this book is available for free on YouTube and can also be downloaded from our

---

[2] Pu, Songling, and Herbert Allen Giles. 1969. *Strange Stories From a Chinese Studio*. New York: Dover Publications. Based on *Strange Stories from a Chinese Studio, 2 vols*. London: T. de la Rue, 1880.

[3] Pu, Songling. *聊斋志异*. China: 上海古籍出版社, 1978.

website, www.imagin8press.com.

We'd love to hear from you, please write us at info@imagin8press.com.

Jeff Pepper and Xiao Hui Wang
Pittsburgh, PA
December 2020
Revised September 2022

Characters

桑	Sāng – Sang, a scholarly young man
一凡	Yīfán – Yifan, Sang's neighbor and friend
莲香	Liánxiāng – Lotus Fragrance, Sang's first lover
李	Lǐ – Li, Sang's second lover
燕	Yàn – Swallow, Li returned to life
韦	Wéi – Wei, Lianxiang returned to life
张先生	Zhāng xiānshēng – Mr. Zhang, Wei's father
张太太	Zhāng tàitai – Mrs. Zhang, Wei's mother
狐儿	Hú er – Foxy, son of Sang and Lianxiang

The Love Triangle

三角恋

Sānjiǎo Liàn

Nǐ hǎo, wǒ de péngyǒumen. Zhè shì cóng fénmù lǐng yìbiān lái de wènhǎo. Wǒ jiào Sāng. Wǒ yǐjīng sǐ le sānbǎi duō nián le, xīwàng nà bú huì dǎrǎo nǐ. Zài zhèxiē rìzi lǐ, wǒ shēnghuó zài dìyù. Wǒ xiǎng gàosù nǐ yígè guānyú wǒ hé wǒde liǎng gè bùtóng yìbān de liànrén de gùshì. Nǐ kěyǐ bǎ tā shuō chéng shì guǐ gùshì, dàn wǒ jiào tā wéi àiqíng gùshì.

Hěnjiǔ yǐqián, zài Qīngcháo de tóu jǐ nián lǐ, wǒ háishì yígè zhù zài Yí Zhōu cūnzhuāng lǐ de niánqīng rén. Wǒ chūshēng zài lìng yígè cūnzhuāng, dànshì wǒde fùqīn hé mǔqīn zài wǒ xiǎo de shíhòu jiù sǐle. Nà yǐhòu, wǒ bùxiǎng zài liú zài wǒde lǎojiā, yīnwèi wǒde fùqīn hé mǔqīn gěi wǒ liúxià le yìxiē qián, wǒ juédìng kāishǐ xīn de shēnghuó. Suǒyǐ wǒ bān dào le Yí Zhōu.

Yīnwèi xǐhuān yígè rén shēnghuó, suǒyǐ wǒ zìjǐ zhù zài yígè xiǎo fángzi

三角恋

你好，我的朋友们。这是从坟墓[4]另一边来的问好。我叫桑。我已经死了三百多年了，希望那不会打扰你。在这些日子里，我生活在地狱[5]。我想告诉你一个关于我和我的两个不同一般的恋人[6]的故事。你可以把它说成是鬼故事，但我叫它为爱情故事。

很久以前，在清朝[7]的头几年里，我还是一个住在沂州村庄[8]里的年轻人。我出生在另一个村庄，但是我的父亲和母亲在我小的时候就死了。那以后，我不想再留在我的老家，因为我的父亲和母亲给我留下了一些钱，我决定开始新的生活。所以我搬到了沂州。

因为喜欢一个人生活，所以我自己住在一个小房子

---

[4] 坟墓　　fénmù – grave
[5] 地狱　　dìyù – the underworld
[6] 恋人　　liànrén – lover
[7] 朝　　　cháo – dynasty
[8] 村庄　　cūnzhuāng – village

lǐ. Wǒ bù xūyào gōngzuò, suǒyǐ wǒ yìtiān dōu zài jiālǐ, xuéxí Lǎozǐ, Kǒngzǐ hé Mèngzǐ de shū. Wǒ xǐhuān dúshū hé xuéxí. Yǒushí wǒ xiě guānyú zhèxiē hěn lǎo de shū de xìn, ránhòu bǎ xìn jì gěi zhōngguó qítā dìfāng de dúshūrén.

Dànshì, wǒ bù zǒngshì yígè rén. Wǒ yǒu yígè hǎo péngyǒu, yígè jiào Yīfán de línjū. Wǒ yìtiān liǎng cì qù tā de jiā hé tā yìqǐ chī zǎofàn hé wǎnfàn, yǒushí tā lái zhǎo wǒ hē chá. Wǒmen liǎ dōu xǐhuān tǎolùn zhèxiē hǎo shū.

Yǒuyìtiān, Yīfán lái wǒjiā hē chá. "Wǒ de péngyǒu, nǐ wèishénme yígè rén zhù?" tā wèn. "Zhège shìjiè yǒu xǔduō měilì de shì, háiyǒu hěnduō yǒuqù de rén. Shuí zhīdào ne, yěxǔ nǐ kěyǐ zhǎodào yígè hǎo nǚhái, hé tā jiéhūn!"

Zài wèi wǒde péngyǒu zhǔnbèi chá de shíhòu, wǒ xiǎng le zhège wèntí. Wǒ shuō, "Xièxiè, dàn wǒ yígè rén shēnghuó hěn kuàilè."

里。我不需要工作，所以我一天都在家里，学习老子，孔子和孟子的书。我喜欢读书和学习。有时我写关于这些很老的书的信，然后把信寄给中国其他地方的读书人。

但是，我不总是一个人。我有一个好朋友，一个叫一凡的邻居。我一天两次去他的家和他一起吃早饭和晚饭，有时他来找我喝茶。我们俩都喜欢讨论这些好书。

有一天，一凡来我家喝茶。"我的朋友，你为什么一个人住？"他问。"这个世界有许多美丽的事，还有很多有趣的人。谁知道呢，也许你可以找到一个好女孩，和她结婚！"

在为我的朋友准备茶的时候，我想了这个问题。我说，"谢谢，但我一个人生活很快乐。"

"Dànshì yǒude shíhòu nǐ huì bú huì hàipà? Guǐ hé húlíjīng shì yǒu de. Tāmen kěnéng huì zài wǎnshàng lái dào nǐde jiā ménkǒu, bìngqiě yào shānghài nǐ."

"Wǒ búpà guǐ huò húlíjīng. Tāmen zhǐshì fùqīn hé mǔqīn yònglái ràng tāmen háizi hàipà de gùshì."

"Ò, bù, wǒ de péngyǒu, búyào nàme shuō. Wǒ zìjǐ jiànguò guǐ!" Yīfán huídá. "Dāng yígè rén sǐ de shíhòu, tā de shēntǐ jìnrù dì lǐ, tā de línghún qù le dìyù. Dàn yǒushí tāmen de línghún huì cóng dìyù huílái, zǒu zài huózhe de rén zhōngjiān. Nàxiē guǐ huì dài lái hěnduō máfan!"

"Nà húlíjīng ne?"

"A, rúguǒ yù dào húlíjīng, bìxū fēicháng xiǎoxīn! Tāmen bǐ guǐ gèng

"但是有的时候你会不会害怕？鬼[9]和狐狸[10]精是有的。他们可能会在晚上来到你的家门口，并且要伤害[11]你。"

"我不怕鬼或狐狸精。他们只是父亲和母亲用来让他们孩子害怕的故事。"

"哦[12]，不，我的朋友，不要那么说。我自己见过鬼！"一凡回答。"当一个人死的时候，他的身体进入地里，他的灵魂[13]去了地狱。但有时他们的灵魂会从地狱回来，走在活着的人中间。那些鬼会带来很多麻烦！"

"那狐狸精呢？"

"啊，如果遇到狐狸精，必须非常小心！他们比鬼更

---

[9] 鬼　　　guǐ – ghost
[10] 狐狸　　húlí – fox
[11] 伤害　　shānghài – to harm
[12] 哦　　　ò – ah, oh
[13] 灵魂　　línghún – to marry

wēixiǎn, bìngqiě fēicháng qiángdà. Yìbān de húlí zhǐshì yì zhī húlí. Dànshì, dāng húlí dào le wǔshí suì shí, tā kěyǐ biàn chéng yígè nǚrén, tā fēicháng de měilì, ràng nǐ bù kěnéng duì tā shuō bù. Dāng yì zhī húlí dào le yìbǎi suì shí, tā yě kěyǐ bǎ zìjǐ biàn chéng yígè piàoliang de nánrén, tā fēicháng de qiángdà, kěyǐ kàndào yìqiān lǐ wài de dōngxi. Rúguǒ húlí dào le yìqiān suì, tā jiù biàn chéng jīnsè, fēi shàng tiān, shēnghuó zài tàiyáng hé yuèliang de gōngdiàn lǐ."

"Yīfán, zhèxiē zhǐshì zài shuì qián jiǎng gěi háizimen tīng de gùshì. Wǒ shì yígè zhǎng dà le de nánrén, wǒ wèishénme yào hàipà zhè zhǒng shìqing? Shǒuxiān, wǒ bù xiāngxìn zhēn de yǒu guǐ hé húlíjīng. Dànshì jíshǐ yǒu, wǒ yě búpà. Rúguǒ shì yígè nán guǐ lái dào wǒjiā ménkǒu, wǒ huì hé tā dǎ, ràng tā zǒukāi. Rúguǒ shì yígè nǚ húlíjīng lái, wǒ huì dǎkāi wǒde mén, xiàozhe yāoqǐng tā jìnlái!"

危险，并且非常强大[14]。一般的狐狸只是一只狐狸。但是，当狐狸到了五十岁时，它可以变成一个女人，她非常的美丽，让你不可能对她说不。当一只狐狸到了一百岁时，它也可以把自己变成一个漂亮的男人，他非常的强大，可以看到一千里外的东西。如果狐狸到了一千岁，它就变成金色，飞上天，生活在太阳和月亮的宫殿[15]里。"[16]

"一凡，这些只是在睡前讲给孩子们听的故事。我是一个长大了的男人，我为什么要害怕这种事情？首先，我不相信真的有鬼和狐狸精。但是即使有，我也不怕。如果是一个男鬼来到我家门口，我会和他打，让他走开。如果是一个女狐狸精来，我会打开我的门，笑着邀请她进来！"

---

[14] 强大　　qiángdà – powerful
[15] 宫殿　　gōngdiàn – palace
[16] this is from Guo Pu, a Chinese historian, poet, and writer, as quoted in *The cult of the fox: Power, gender, and popular religion in late imperial and modern China*, by Xiaofei Kang.

Yīfán duì zhè gǎndào hǎoxiào, hē wán le tāde chá. Dāngshí wǒ hái bù zhīdào zhè yìdiǎn, dànshì nàtiān wǎnshàng, Yīfán hé tā de péngyǒu shuō le wǒmen de duìhuà. Yīfán de yígè péngyǒu yǒu gè nǚ péngyǒu. Tāmen ràng zhège nǚ péngyǒu qù wǒjiā. Tā bù shēng bù xiǎng de qù le wǒjiā, qīng qīng qiāo mén. "Shuí zài nàlǐ?" wǒ wèn.

"Wǒ shì yígè guǐ!" nàgè nǚhái jiàozhe. Wǒ hàipà jí le. Wǒ de shǒu biàn lěng, wǒ kāishǐ fādǒu. "Zǒukāi! Zǒukāi!" Wǒ kū le. Nǚhái xiào le, děng le jǐ fēnzhōng, ránhòu tā huí jiā le.

Nàtiān wǎnshàng wǒ shuìbùzháo, wǒ fēicháng hàipà nàgè nǚhái huì zài huílái. Dì èr tiān zǎoshàng, wǒ qù Yīfán jiā chī zǎofàn. Wǒ gàosù Yīfán wǒ jiàn dào guǐ de shì. Wǒ shuō, "Zhège cūnzhuāng guǐ tài duō le, wǒ bùnéng zhù zài zhèlǐ. Wǒ yào huí wǒ de lǎojiā."

Yīfán xiàozhe huídá, "Nàme, nǐ yùdào le yígè měilì de guǐ, nǐ jiào tā zǒu le? Wǒ yǐwéi nǐ huì yāoqǐng tā hē chá!"

一凡对这感到好笑，喝完了他的茶。当时我还不知道这一点，但是那天晚上，一凡和他的朋友说了我们的对话。一凡的一个朋友有个女朋友。他们让这个女朋友去我家。她不声不响地去了我家，轻轻敲门。"谁在那里？"我问。

"我是一个鬼！"那个女孩叫着。我害怕极了。我的手变冷，我开始发抖[17]。"走开！走开！"我哭了。女孩笑了，等了几分钟，然后她回家了。

那天晚上我睡不着，我非常害怕那个女孩会再回来。第二天早上，我去一凡家吃早饭。我告诉一凡我见到鬼的事。我说，"这个村庄鬼太多了，我不能住在这里。我要回我的老家。"

一凡笑着回答，"那么，你遇到了一个美丽的鬼，你叫她走了？我以为你会邀请她喝茶！"

---

[17] 发抖　　fādǒu – to shake, to tremble

Tā yì shuō wán, wǒ jiù míngbai fāshēng le shénme. "A, nǐ hěn cōngming, wǒde péngyǒu," wǒ shuō. "Suǒyǐ, jiù xiàng wǒ zuótiān shuōde nàyàng. Méiyǒu guǐ. Wǒjiā méiyǒu guǐ, zhège cūnzhuāng méiyǒu guǐ, běnlái jiù méiyǒu guǐ."

Jǐ gè yuè méiyǒu rènhé bù zhèngcháng de qíngkuàng fāshēng. Wǒ jìxù xuéxí hé xiě dōngxi, ānjìng de shēnghuózhe. Ránhòu, yǒu yìtiān wǎnshàng, wǒ zuò zài jiālǐ, zài yóudēng de guāng xià dú "Dào Dé Jīng". Wǒ tīng dào qīng qīng de dǎ mén shēng, ránhòu tīngdào yígè nǚrén de shēngyīn shuō, "Nǐ hǎo?" Dāngrán wǒ yǐwéi zhèshì wǒ péngyǒu Yīfán sònglái de lìng yígè nǚhái, suǒyǐ wǒ kāi le mén. Zhàn zài nà'er shì wǒ jiànguò de zuì měilì de nǚrén. Wǒ jìdé wǒ duì zìjǐ shuō, "Rúguǒ niǎo'er kàndào le zhège nǚhái de liǎn, tāmen huì cóng tiānshàng diào xiàlái." Wǒ shénme dōu shuō bu chūlái. Wǒ zhǐshì kàn le tā hěnjiǔ. Zuìhòu wǒ bùdé bù shuō xiē shénme, suǒyǐ wǒ xiǎoshēng shuō, "Nǐ shì shuí?"

Tā gěi le wǒ yígè xiào, jiù xiàng xiàtiān zǎoshàng de yángguāng. "Wǒ jiào

他一说完，我就明白发生了什么。"啊，你很聪明，我的朋友，"我说。"所以，就像我昨天说的那样。没有鬼。我家没有鬼，这个村庄没有鬼，本来就没有鬼。"

几个月没有任何不正常的情况发生。我继续学习和写东西，安静地生活着。然后，有一天晚上，我坐在家里，在油[18]灯的光下读《道德经》。我听到轻轻的打门声，然后听到一个女人的声音说，"你好？"当然我以为这是我朋友一凡送来的另一个女孩，所以我开了门。站在那儿是我见过的最美丽的女人。我记得我对自己说，"如果鸟儿看到了这个女孩的脸，它们会从天上掉下来。"我什么都说不出来。我只是看了她很久。最后我不得不说些什么，所以我小声说，"你是谁？"

她给了我一个笑，就像夏天早上的阳光。"我叫

---

[18] 油　　yóu – oil

Liánxiāng. Wǒ shì cóng xībù dìqū lái de gē jì. Wǒ kěyǐ jìnlái ma?"

Wǒ mǎshàng zhīdào, zhège nǚhái bù kěnéng shì Yīfān péngyǒu zhōng de yígè. Wǒ bù zhīdào tā shì shuí, huòzhě tā wèishénme zhàn zài wǒjiā ménkǒu. Dànshì tā wánquán xīyǐn zhù le wǒde xīn. Wǒ zhīdào, rúguǒ tā yào wǒ zuò rènhé shìqing, wǒ méiyǒu bànfǎ duì tā shuō bù. "Qǐng jìnlái," wǒ shuō.

Tā zǒu jìn fángzi, zhíjiē xiàng wǒ zǒu lái, wěn le wǒ. Wǒ jùjué bùliǎo, suǒyǐ wǒ yě wěn le tā. "Bǎ dēng miè le." tā shuō. Wǒ jùjué bùliǎo, suǒyǐ wǒ bǎ yóudēng miè le. "Hé wǒ yìqǐ shàngchuáng." tā shuō. Wǒ jùjué bùliǎo. Wǒmen bù tíng de zuò'ài, yìzhí dào zuìhòu shuìqù. Zǎoshàng, wǒ xǐnglái de shíhòu, tā yǐjīng zǒu le.

Wǒ àishàng le měilì de Liánxiāng. Měi liǎng, sān gè wǎnshàng, tā lái kàn wǒ,

莲香。我是从西部地区[19]来的歌妓[20]。我可以进来吗?"

我马上知道,这个女孩不可能是一帆朋友中的一个。我不知道她是谁,或者她为什么站在我家门口。但是她完全吸引住了我的心。我知道,如果她要我做任何事情,我没有办法对她说不。"请进来,"我说。

她走进房子,直接向我走来,吻[21]了我。我拒绝不了,所以我也吻了她。"把灯灭[22]了。"她说。我拒绝不了,所以我把油灯灭了。"和我一起上床。"她说。我拒绝不了。我们不停地做爱,一直到最后睡去。早上,我醒来的时候,她已经走了。

我爱上了美丽的莲香。每两、三个晚上,她来看我,

---

[19] 地区　dìqū - district
[20] 歌妓　gē jì – a sing-song girl. These were courtesans in ancient China, trained to entertain wealthy male clients through singing, dancing and companionship.
[21] 吻　wěn – kiss
[22] 灭　miè – to extinguish

wǎnshàng liú zài wǒ zhèlǐ, dànshì dāng wǒ zǎoshàng xǐng lái shí, tā zǒngshì bújiàn le. Chúle hé wǒ de péngyǒu Yīfán yìqǐ chī zǎofàn hé wǎnfàn wài, wǒ méiyǒu líkāiguò jiā, dànshì wǒ yìzhí méiyǒu gàosù tā wǒde xīn liànrén.

Jǐ gè xīngqī yǐhòu, yígè wǎnshàng, wǒ zuò zài jiālǐ dú Kǒngzǐ de shū. Fángjiān lǐ diǎnzhe yóudēng, dàn fángjiān de qítā dìfang háishì hěn hēi. Wǒ tīngdào le shénme shēngyīn, wǒ táiqǐ tóu, kàndào yígè nǚrén zhàn zài fángjiān lǐ. Yì kāishǐ wǒ yǐwéi shì Liánxiāng yòu lái kàn wǒ le, wǒ hěn gāoxìng jiàndào tā. Wǒ fàngxià shū, zǒu guòqù xiàng tā wènhǎo. Dànshì dāng wǒ zǒu jìn shí, wǒ fāxiàn zhè búshì Liánxiāng. Shì lìng yígè nǚhái, hěn niánqīng, dàgài shíliù suì. Tā yòu gāo yòu shòu, yǒu yìshuāng dà hēi yǎnjīng, xiǎo bízi, měilì de xiàoliǎn, hěn cháng de hēi tóufǎ. Tā chuānzhe yí jiàn sī cháng yī, xiǎojiǎo shàng chuānzhe tuōxié. Dànshì tā kànshàngqù yǒuxiē qíguài. Dāng tā zǒulù de shíhòu, tā búshì zǒu, tā měilì de shēntǐ quèshì cóng zhèlǐ piāo dào nàlǐ.

晚上留在我这里，但是当我早上醒来时，她总是不见了。除了和我的朋友一凡一起吃早饭和晚饭外，我没有离开过家，但是我一直没有告诉他我的新恋人。

几个星期以后，一个晚上，我坐在家里读孔子的书。房间里点着油灯，但房间的其他地方还是很黑。我听到了什么声音，我抬起头，看到一个女人站在房间里。一开始我以为是莲香又来看我了，我很高兴见到她。我放下书，走过去向她问好。但是当我走近时，我发现这不是莲香。是另一个女孩，很年轻，大概十六岁。她又高又瘦，有一双大黑眼睛，小鼻子，美丽的笑脸，很长的黑头发。她穿着一件丝[23]长衣，小脚上穿着拖鞋[24]。但是她看上去有些奇怪。当她走路的时候，她不是走，她美丽的身体却是从这里飘[25]到那里。

---

[23] 丝　　sī – silk
[24] 拖鞋　tuōxié – slipper
[25] 飘　　piāo – to float

Dāng wǒ kàndào zhège shí, wǒ biàndé fēicháng hàipà. Wǒ jìdé wǒde péngyǒu Yīfán shuōguò guānyú húlíjīng de shì. Dànshì tā hěn piàoliang, wǒ bùxiǎng ràng tā líkāi. Suǒyǐ wǒ zhǐshì gàosù zìjǐ búyào dānxīn, tā zhǐshì yìbān de nǚhái.

"Nǐ shì shuí?" wǒ wèn.

Tā huídá shuō, "Wǒ xìng Lǐ. Wǒ de fùqīn hé mǔqīn hěn yǒu qián, shì hěn zhòngyào de rén. Wǒmen tīng rénmen shuōdàoguò nǐ, shuō nǐ shì yígè hěn lìhài de dúshūrén. Hěn cháng yíduàn shíjiān lái, wǒ yìzhí xiǎng jiàn nǐ."

Wǒ wòzhù tāde shǒu. Tāmen xiàng bīng yíyàng lěng. "Nǐ de shǒu hǎo lěng!" wǒ shuō. "Nǐ wèishénme zhème lěng?"

"Jīntiān hěn lěng, wǒ zhǐshì yígè shòuxiǎo de nǚhái. Wǒ de shǒu dāngrán hěn lěng." tā duìzhe wǒ xiào. "Nǐ néng ràng wǒde shǒu biàn nuǎn ma?" Ránhòu, tā cóng qiánmiàn dǎkāi le tāde sī cháng yī. Wǒ kànzhe tāde hēi

当我看到这个时,我变得非常害怕。我记得我的朋友一凡说过关于狐狸精的事。但是她很漂亮,我不想让她离开。所以我只是告诉自己不要担心,她只是一般的女孩。

"你是谁?"我问。

她回答说,"我姓李。我的父亲和母亲很有钱,是很重要的人。我们听人们说到过你,说你是一个很厉害的读书人。很长一段时间来,我一直想见你。"

我握住她的手。它们像冰[26]一样冷。"你的手好冷!"我说。"你为什么这么冷?"

"今天很冷,我只是一个瘦小的女孩。我的手当然很冷。"她对着我笑。"你能让我的手变暖吗?"然后,她从前面打开了她的丝长衣。我看着她的黑

---

[26] 冰　　bīng – ice

yǎnjīng, kànzhe tā měilì de shēntǐ, ránhòu wǒ bǎ tā bào rù huái zhōng. Wǒ bàozhe tā dào le chuáng shàng, wǒmen kāishǐ zuò'ài.

Dāng wǒmen zǎoshàng xǐnglái shí, tā duì wǒ shuō, "Qīn'ài de, wǒmende ài xiě zài tiānshū shàng. Ràng wǒ hé nǐ zài yìqǐ ba. Wǒ huì měitiān wǎnshàng hé nǐ yìqǐ shuìjiào, wǒ huì yǒngyuǎn ài nǐ. Dànshì, nǐ bìxū xiān gàosù wǒ, nǐ shì búshì hái yǒu lìng yígè liànrén."

Wǒ néng shuō shénme ne? Wǒ bùxiǎng ràng tā líkāi. Suǒyǐ wǒ huídá shuō, "Bù, wǒ méiyǒu qítā de liànrén." Ránhòu guòle yíhuǐ'er wǒ yòu shuō, "Hǎo ba, yǒu gè zhù zài fùjìn de gē jì. Tā yǒushí huì lái kàn wǒ, dàn bù jīngcháng lái."

Lǐ shuō, "Wǒ búshì yígè gē jì. Rúguǒ tā zài zhèlǐ, wǒ bú huì zài zhèlǐ. Rúguǒ tā lái zhèlǐ, wǒ huì zǒukāi. Dāng tā líkāi shí, wǒ huì huílái. Lìngwài, wǒmende ài bìxū shì yígè mìmi, zhǐyǒu nǐ hé

眼睛,看着她美丽的身体,然后我把她抱入怀[27]中。我抱着她到了床[28]上,我们开始做爱。

当我们早上醒来时,她对我说,"亲爱的[29],我们的爱写在天书上。让我和你在一起吧。我会每天晚上和你一起睡觉,我会永远爱你。但是,你必须先告诉我,你是不是还有另一个恋人。"

我能说什么呢?我不想让她离开。所以我回答说,"不,我没有其他的恋人。"然后过了一会儿我又说,"好吧,有个住在附近的歌妓。她有时会来看我,但不经常来。"

李说,"我不是一个歌妓。如果她在这里,我不会在这里。如果她来这里,我会走开。当她离开时,我会回来。另外,我们的爱必须是一个秘密[30],只有你和

---

[27] 怀 huái – chest
[28] 床 chuáng – bed
[29] 亲爱的 qīn'ài de – dear
[30] 秘密 mìmi – secret

wǒ zhīdào. Nǐ qiānwàn bùnéng gàosù zhège gē jì guānyú wǒde shìqing!"

Ránhòu, tā gěi le wǒ tāde yì zhī tuōxié, shuō, "Názhe zhè zhī tuōxié. Bǎ tā fàng zài yígè ānquán mìmi de dìfang. Měidāng nǐ xiǎng yào wǒde shíhòu, zhǐyào názhe tuōxié, xiǎngzhe wǒ. Wǒ jiù huì lái nǐ zhèlǐ. Dànshì yào xiǎoxīn, rúguǒ yǒu qítā rén zài zhèlǐ, búyào ná zhè zhī tuōxié!" Ránhòu tā líkāi le.

Dì èr tiān wǎnshàng, wǒ zìjǐ yìrén zuò zài yóudēng de dēngguāng xià. Wǒ méiyǒu bànfǎ dú rènhé shū. Wǒ néng zuò de jiùshì xiǎng Lǐ. Suǒyǐ wǒ náqǐ tuōxié. Tā mǎshàng chūxiàn zài fángjiān lǐ, hé wǒ zài yìqǐ, guòle bùjiǔ wǒmen jiù zài yìqǐ zuò'ài. Tā liú le yì wǎn.

Jīngguò le zhèyàng de jǐ gè wǎnshàng, wǒde shēnghuó kāishǐ huídào zhèngcháng. Wǒ kěyǐ zàicì zài báitiān de shíjiān lǐ dúshū hé xuéxí, dànshì Lǐ yìzhí zài wǒ xīnzhōng. Yǒuxiē tiān wǒ wàng le chī zǎofàn huò wǎnfàn. Měitiān wǎnshàng, wǒ náqǐ tuōxié, tā huídào wǒ shēnbiān. Měi yìtiān, wǒ dōu yuè lái yuè ài tā le.

我知道。你千万不能告诉这个歌妓关于我的事情！"

然后，她给了我她的一只拖鞋，说，"拿着这只拖鞋。把它放在一个安全秘密的地方。每当你想要我的时候，只要拿着拖鞋，想着我。我就会来你这里。但是要小心，如果有其他人在这里，不要拿这只拖鞋！"然后她离开了。

第二天晚上，我自己一人坐在油灯的灯光下。我没有办法读任何书。我能做的就是想李。所以我拿起拖鞋。她马上出现在房间里，和我在一起，过了不久我们就在一起做爱。她留了一晚。

经过了这样的几个晚上，我的生活开始回到正常。我可以再次在白天的时间里读书和学习，但是李一直在我心中。有些天我忘了吃早饭或晚饭。每天晚上，我拿起拖鞋，她回到我身边。每一天，我都越来越爱她了。

Ránhòu, yǒu yìtiān wǎnshàng, Liánxiāng huílái le. Wǒ hěn gāoxìng jiàndào tā, yīnwèi tā yǐjīng zǒu le jǐ gè xīngqī le. Tā tuō xià wǒde yīfú, fēicháng hàipà de kànzhe wǒ.

"Qīn'ài de, nǐ zhème shòu! Fāshēng le shénme shì?"

"Méishì," wǒ huídá shuō, "wǒ gǎnjué hěn hǎo."

"Búyào nàme shuō. Nǐ kànqǐlái hǎoxiàng yígè yuè dōu méiyǒu chī dōngxi." Wǒ xiǎng dài tā shàngchuáng, rán'ér tā què ràng wǒ gěi tā zuò yìbēi chá. Wǒmen hē le chá, ránhòu tā gàosù wǒ, tā xūyào líkāi shí tiān. Tā zǒu le. Nàtiān wǎnshàng wǎn xiē shíhòu, wǒ náqǐ Lǐ de tuōxié, xiǎngzhe tā. Dāng tā dàolái shí, wǒ gàosù tā Liánxiāng bú huì lái, wǒmen yìqǐ guòle yì wǎn.

Shí tiān lǐ, wǒ měitiān dōu jiàn Lǐ. Dì shí tiān, Lǐ wèn wǒ, "Nǐ de gē jì zài nǎlǐ?"

"Ò, tā bìxū líkāi shí tiān," wǒ huídá.

Lǐ xiào le. "Shuí gèng piàoliang, wǒ háishì nàgè gē jì?"

然后，有一天晚上，莲香回来了。我很高兴见到她，因为她已经走了几个星期了。她脱下我的衣服，非常害怕地看着我。"亲爱的，你这么瘦！发生了什么事？"

"没事，"我回答说，"我感觉很好。"

"不要那么说。你看起来好像一个月都没有吃东西。"我想带她上床，然而她却让我给她做一杯茶。我们喝了茶，然后她告诉我，她需要离开十天。她走了。那天晚上晚些时候，我拿起李的拖鞋，想着她。当她到来时，我告诉她莲香不会来，我们一起过了一晚。

十天里，我每天都见李。第十天，李问我，"你的歌妓在哪里？"

"哦，她必须离开十天，"我回答。

李笑了。"谁更漂亮，我还是那个歌妓？"

Wǒ zhīdào zhè shì yígè wēixiǎn de wèntí! "Nàge, tāde shǒu bǐ nǐ de shǒu nuǎn yìdiǎn. Dànshì nǐmen liǎ dōushì zuì hǎo de, dōushì tiānxià zuì měilì de nǚhái!"

Lǐ shuō, "Ò, nǐ nàme shuō zhǐshì wèile ràng wǒ gǎnjué hǎoxiē. Tā kěnéng bǐ yuèliàng nǚshén hái piàoliang!" Ránhòu tā kànzhe wǒ. "Sāng, wǒ měitiān dōu lái nǐ zhèlǐ yǐjīng yǒu shí tiān le. Nà yìsi jiùshì nǐde gē jì míngtiān yào huílái le. Wǒ bìxū zhīdào tā shì búshì bǐ wǒ gèng piàoliang. Tā zài zhèlǐ shí wǒ huì duǒ qǐlái. Búyào duì tā shuō rènhé guānyú wǒde shì!"

Dì èr tiān wǎnshàng, Liánxiāng huílái le. Tā wěn le wǒ, ràng wǒ hé tā yìqǐ qù chuáng shàng. Dànshì dāng wǒ tuō xià yīfú shí, tā fāxiàn wǒ bǐ shàngcì tā jiàndào wǒ de shíhòu hái yào shòu. Tā kūzhe shuō, "Kànkàn nǐ! Nǐ shòu dé jiù xiàng yì zhāng zhǐ! Nǐ yídìng zài gēn bié de rén shàngchuáng shuìjiào."

我知道这是一个危险的问题！"那个，她的手比你的手暖一点。但是你们俩都是最好的，都是天下最美丽的女孩！"

李说，"哦，你那么说只是为了让我感觉好些。她可能比月亮女神³¹还漂亮！"然后她看着我。"桑，我每天都来你这里已经有十天了。那意思就是你的歌妓明天要回来了。我必须知道她是不是比我更漂亮。她在这里时我会躲³²起来。不要对她说任何关于我的事！"

第二天晚上，莲香回来了。她吻了我，让我和她一起去床上。但是当我脱下衣服时，她发现我比上次她见到我的时候还要瘦。她哭着说，"看看你！你瘦得就像一张纸³³！你一定在跟别的人上床睡觉。"

---

³¹ 女神　nǚshén – goddess
³² 躲　duǒ – to hide
³³ 纸　zhǐ – paper

"Nǐ wèishénme zhème shuō?"

"Wǒ kěyǐ cóng nǐ shēntǐ zhōuwéi fāchū de guāng zhōng kànchūlái. Érqiě nǐde mài yě fēicháng luàn. Wǒ xiǎng nǐ shì shòudào le guǐ zhòu de yǐngxiǎng!"

Dì èr tiān zǎoshàng wǒ xǐnglái shí, Liánxiāng bújiàn le. Nà yìtiān wǒ dōu zài xuéxí, wǎnshàng Lǐ lái kàn wǒ. Wǒ wèn tā, "Nǐ duì Liánxiāng zěnme kàn?"

"Ò, tā hěn piàoliang. Tā bǐ tiānxià de rènhé nǚrén dōu yào piàoliang. Nà ràng wǒ dānxīn. Suǒyǐ wǒ jīntiān gēnzhe tā. Dāng tā líkāi zhèlǐ shí, tā zǒu jìn le nánbiān shān lǐ de yígè húlí dòng. Kǒngpà nǐde nǚ péngyǒu shì yígè húlíjīng." Wǒ bùxiǎng xiāngxìn tā.

Dì èr tiān wǎnshàng, Liánxiāng huílái shí, wǒ duì tā shuō, "Wǒ tīng yǒurén shuō nǐ zhēn piàoliang, yídìng shì yígè húlíjīng! Dāngrán, wǒ bù xiāngxìn."

"你为什么这么说?"

"我可以从你身体周围发出的光中看出来。而且你的脉[34]也非常乱[35]。我想你是受到了鬼咒[36]的影响!"

第二天早上我醒来时,莲香不见了。那一天我都在学习,晚上李来看我。我问她,"你对莲香怎么看?"

"哦,她很漂亮。她比天下的任何女人都要漂亮。那让我担心。所以我今天跟着她。当她离开这里时,她走进了南边山里的一个狐狸洞[37]。恐怕你的女朋友是一个狐狸精。"我不想相信她。

第二天晚上,莲香回来时,我对她说,"我听有人说你真漂亮,一定是一个狐狸精!当然,我不相信。"

---

[34] 脉　　mài – pulse
[35] Someone trained in Chinese traditional medicine can diagnose many different illnesses by reading the pulse using three fingers pressed to the wrist.
[36] 咒　　zhòu – to curse
[37] 洞　　dòng – hole, cave

"Shuí shuō de?"

"Ò, méiyǒu rén. Wǒ zhǐshì zài gēn nǐ shuōzhe wán de."

"Nàme, rúguǒ zhèshì zhēnde ne? Shì yígè húlíjīng yǒu shénme cuò?"

"Wǒ tīngshuō húlíjīng fēicháng wēixiǎn. Tāmen qǔ rén de qì. Tāmen kěyǐ ràng yígè rén shēng bìng, biàn lèi, shènzhì hái kěyǐ ràng tā sǐqù. Zhè jiùshì wèishénme rénmen zhème hàipà húlíjīng de yuányīn."

"Bù, wánquán búshì nàyàng de! Nǐ shì yígè qiángdà de niánqīng rén. Nǐ kěyǐ hé nǚrén huò húlíjīng zuò'ài, dàn bìxū xiūxi liǎng, sān tiān, ránhòu zài shìzhe zuò. Rúguǒ nàyàng zuò, nǐ kěyǐ yìzhí qiángdà hé jiànkāng. Dànshì, rúguǒ nǐ měitiān wǎnshàng zuò'ài, nǐ shēntǐ de qì jiù huì zǒudiào, nǐ jiù huì sǐ. Rúguǒ nǐ de liànrén shì nǚrén, húlíjīng huòzhě shènzhì shì guǐ, jiù huì fāshēng zhè zhǒng qíngkuàng. Zhè jiùshì wèishénme wǒ rènwéi nǐ měitiān wǎnshàng dōu zài hé biérén zuò'ài!"

Wǒ xiǎng shuō bù, dàn wǒ dāngrán bùnéng duì Liánxiāng shuō bù. Suǒyǐ wǒ gàosù le

"谁说的？"

"哦，没有人。我只是在跟你说着玩的。"

"那么，如果这是真的呢？是一个狐狸精有什么错？"

"我听说狐狸精非常危险。他们取人的气。他们可以让一个人生病、变累，甚至还可以让他死去。这就是为什么人们这么害怕狐狸精的原因。"

"不，完全不是那样的！你是一个强大的年轻人。你可以和女人或狐狸精做爱，但必须休息两、三天，然后再试着做。如果那样做，你可以一直强大和健康。但是，如果你每天晚上做爱，你身体的气就会走掉，你就会死。如果你的恋人是女人、狐狸精或者甚至是鬼，就会发生这种情况。这就是为什么我认为你每天晚上都在和别人做爱！"

我想说不，但我当然不能对<u>莲香</u>说不。所以我告诉了

tā wǒde xīn liànrén, Lǐ. Wǒ hái gàosù tā, Lǐ qiántiān wǎnshàng zài kànzhe wǒmen.

"Wǒ zhīdào!" tā kū le. "Zhè jiùshì wèishénme nǐ zhème shòu. Nǐ měitiān wǎnshàng dōu hé nàgè nǚhái shuìjiào, ér tā zhèngzài qǔ nǐ quánbù de qì. Wǒ xiǎng yěxǔ tā běnlái jiù búshì yígè nǚhái. Wǒ bìxū yào liǎojiě gèng duō guānyú zhège Lǐ de qíngkuàng. Míngtiān wǎnshàng wǒ huì duǒ qǐlái kàn tā."

Dì èr tiān wǎnshàng, wǒ náqǐ tuōxié, xiǎngzhe Lǐ. Lǐ mǎshàng lái le. Wǒmen xiāng wěn, dànshì jiēzhe Lǐ tīng dào chuāngwài yǒu shēngyīn. Lǐ fēizǒu le. Liánxiāng pǎo jìn fáng lǐ. "Qīn'ài de, nǐ yǒu hěn dà de wēixiǎn! Nà búshì nǚhái, nà shì guǐ. Rúguǒ nǐ jìxù hé tā jiànmiàn, nǐ kěndìng huì sǐ, érqiě huì hěn kuài!"

"Nà búshì zhēnde." wǒ huídá. "Wǒ xiǎng nǐ zhǐshì xiǎng ràng wǒ tíngzhǐ hé tā jiànmiàn."

"Bù, nǐ bìxū hé tā fēnkāi. Rúguǒ jìxù hé zhège nǚ guǐ jiànmiàn,

她我的新恋人，李。我还告诉她，李前天晚上在看着我们。

"我知道！"她哭了。"这就是为什么你这么瘦。你每天晚上都和那个女孩睡觉，而她正在取你全部的气。我想也许她本来就不是一个女孩。我必须要了解更多关于这个李的情况。明天晚上我会躲起来看她。"

第二天晚上，我拿起拖鞋，想着李。李马上来了。我们相吻，但是接着李听到窗外有声音。李飞走了。莲香跑进房里。"亲爱的，你有很大的危险！那不是女孩，那是鬼。如果你继续和她见面，你肯定会死，而且会很快！"

"那不是真的。"我回答。"我想你只是想让我停止和她见面。"

"不，你必须和她分开。如果继续和这个女鬼见面，

nǐ huì sǐ de. Wǒ bùnéng zhèyàng kànzhe nǐ sǐ. Míngtiān wǒ dài xiē cǎoyào gěi nǐ. Xiànzài, nǐde shēntǐ hái méiyǒu shòudào tài dà de shānghài, yīncǐ cǎoyào kěyǐ bāngzhù nǐ. Wǒ huì hé nǐ zhù zài yìqǐ shí tiān, zhàogù nǐ, yìzhí dào nǐ zàicì jiànkāng. Dànshì nǐ bìxū yuǎnlí nàgè nǚ guǐ. Míngtiān wǎnshàng jiàn."

Dì èr tiān wǎnshàng Liánxiāng huílái le. Tā yòng cǎoyào zuò le yìxiē chá, ránhòu gěi le wǒ yìbēi. Wǒ hē le. Wǒ bùdé bù mǎshàng pǎo dào xǐshǒujiān, huā le hěn cháng shíjiān zài nàlǐ. Zuìhòu, wǒ huílái shí shuō, "Xièxiè nǐ, wǒ qīn'ài de, wǒ gǎnjué hǎoduōle!" Dàn jíshǐ shì nàyàng, wǒ yě bù xiāngxìn Lǐ zhēnde shì gè guǐ.

Liánxiāng hé wǒ zhù zài yìqǐ shí gè báitiān hé wǎnshàng. Měitiān tā gěi wǒ sāncì cǎoyào chá, měitiān wǒ dōu kěyǐ gǎnjué dào wǒ de shēntǐ biàn dé gèng qiáng. Wǒ xiǎng hé Liánxiāng zuò'ài, dàn tā měicì dōu jùjué wǒ. "Nǐ xūyào bǎ zìjǐ biàn dé qiángdà," tā shuō.

Shí tiān hòu, wǒ gǎnjué hǎoduōle. Liánxiāng duì wǒ shuō, "Wǒ xiànzài bìxū líkāi. Dànshì qǐng jìzhù, hé nǐde guǐ nǚ péngyǒu fēnkāi fēicháng zhòngyào.

你会死的。我不能这样看着你死。明天我带些草药给你。现在，你的身体还没有受到太大的伤害，因此草药可以帮助你。我会和你住在一起十天，照顾你，一直到你再次健康。但是你必须远离那个女鬼。明天晚上见。"

第二天晚上莲香回来了。她用草药做了一些茶，然后给了我一杯。我喝了。我不得不马上跑到洗手间，花了很长时间在那里。最后，我回来时说，"谢谢你，我亲爱的，我感觉好多了！"但即使是那样，我也不相信李真的是个鬼。

莲香和我住在一起十个白天和晚上。每天她给我三次草药茶，每天我都可以感觉到我的身体变得更强。我想和莲香做爱，但她每次都拒绝我。"你需要把自己变得强大。"她说。

十天后，我感觉好多了。莲香对我说，"我现在必须离开。但是请记住，和你的鬼女朋友分开非常重要。

Rúguǒ bú zhèyàng zuò, nǐ jiù huì sǐ."

"Wǒ huì hé tā fēnkāi de, búyòng dānxīn." Wǒ huídá. Dāng wǒ shuō zhè jù huà shí, wǒ zhēnde xiāngxìn wǒ huì hé Lǐ fēnkāi. Dànshì, Liánxiāng yì zǒu, wǒ jiù mǎnxīn dōu zài xiǎngzhe Lǐ. Yúshì wǒ náqǐ xiǎo tuōxié, xiǎngzhe tā, Lǐ mǎshàng zhàn zài wǒde miànqián.

"Nǐ yǐjīng shí tiān méiyǒu jiào wǒ le," tā shēngqì de shuō. "Nǐ shì búshì tài máng le, mángzhe hé nǐde húlí nǚ péngyǒu zài yìqǐ?"

"Wǒ gǎnjué bù shūfu." wǒ huídá. "Tā zhǐshì zài zhèlǐ zhàogù wǒ. Qǐng bié shēngqì." Wǒ bàozhe tā, ránhòu bǎ tā dài dào chuáng shàng. "Wǒ fēicháng ài nǐ," wǒ duì tā shuō, "dàn yǒurén gàosù wǒ nǐ shì gè guǐ."

Tā tiào kāi le wǒ. "Shuí shuō de? Shì nǐde húlí nǚ péngyǒu ma? Nǐ bùnéng xiāngxìn nàgè dàng fù shuō wǒ de huà. Wǒ bùxiǎng zài tīng le. Hé nà zhī

如果不这样做，你就会死。"

"我会和她分开的，不用担心。" 我回答。当我说这句话时，我真的相信我会和李分开。但是，莲香一走，我就满心都在想着李。于是我拿起小拖鞋，想着她，李马上站在我的面前。

"你已经十天没有叫我了，" 她生气地说。"你是不是太忙了，忙着和你的狐狸女朋友在一起？"

"我感觉不舒服。" 我回答。"她只是在这里照顾我。请别生气。" 我抱住她，然后把她带到床上。

"我非常爱你，" 我对她说，"但有人告诉我你是个鬼。"

她跳开了我。"谁说的？是你的狐狸女朋友吗？你不能相信那个荡妇[38]说我的话。我不想再听了。和那只

---

[38] 荡妇　dàng fù – slut

húlí fēnkāi, bú nàyàng zuò, wǒ huì líkāi, zài yě bújiàn nǐ le!"

Tā kāishǐ kū le. Wǒ bàozhe tā hěnjiǔ, duì tā shuō le ài de huà. Zuìhòu tā tíngzhǐ le kū. Tā hé wǒ shàng le chuáng, wǒmen mànman de qīngróu de zuòzhe ài. Zǎoshàng tā líkāi le.

Rán'ér, dì èr tiān wǎnshàng, Liánxiāng huílái le. Tā kànzhe wǒ, mǎshàng jiù zhīdào wǒ shì hé Lǐ zài yìqǐ. "Nǐ tài bèn le! Nǐ xiǎng sǐ ma?" tā shēngqì de wèn wǒ. "Liǎng gè xīngqī qián, nǐ jīhū yǐjīng sǐle, yīnwèi nǐ hé nàgè nǚ guǐ shuì zài yìqǐ. Wǒ zàicì ràng nǐ yǒu le jiànkāng de shēntǐ. Xiànzài nǐ yòu bǎ tā rēngdiào le!"

Wǒ huídá shuō, "Nǚ guǐ gàosù wǒ nǐ shì húlíjīng. Tā shuō nǐ ràng wǒ sheng le bìng, ér búshì tā. Tā shuō wǒ shòudào le mó zhòu de yǐngxiǎng."

"Shìde, nǐ shì shòudào le mó zhòu de yǐngxiǎng, dàn zhè shì nǚ guǐ tā ràng nǐ shòudào mó zhòu de yǐngxiǎng. Érqiě nǐ yě shì xiā le. Nǐ kànbúdào zhège

狐狸分开,不那样做,我会离开,再也不见你了!"

她开始哭了。我抱着她很久,对她说了爱的话。最后她停止了哭。她和我上了床,我们慢慢地轻柔[39]地做着爱。早上她离开了。

然而,第二天晚上,莲香回来了。她看着我,马上就知道我是和李在一起。"你太笨了!你想死吗?"她生气地问我。"两个星期前,你几乎已经死了,因为你和那个女鬼睡在一起。我再次让你有了健康的身体。现在你又把它扔掉了!"

我回答说,"女鬼告诉我你是狐狸精。她说你让我生了病,而不是她。她说我受到了魔[40]咒的影响。"

"是的,你是受到了魔咒的影响,但这是女鬼她让你受到魔咒的影响。而且你也是瞎[41]了。你看不到这个

---

[39] 轻柔　　qīngróu – gentle
[40] 魔　　　mó – magic
[41] 瞎　　　xiā – blind

nǚ guǐ zài duì nǐ zuò shénme. Xiànzài, wǒ kěyǐ kàndào nǐ yǒu dà máfan le. Bùguǎn wǒ duì nǐ shuō shénme, nǐ dōu búhuì xiāngxìn wǒ. Hěnhǎo. Wǒ yào líkāi yìbǎi tiān. Rúguǒ nǐ jìxù hé nàgè nǚhái jiànmiàn, tā huì ràng nǐ bìng dé hěn lìhài. Zài wǒ huílái yǐqián, nǐ kěnéng huì sǐ."
Liánxiāng líkāi le fángzi, wǒ yìbǎi tiān jiànbúdào tā le.

Liánxiāng zǒu le yǐhòu, wǒ měitiān wǎnshàng dōu hé Lǐ zài yìqǐ, yǒushí tā báitiān yě hé wǒ zài yìqǐ. Wǒ àizhe Lǐ, wǒ hěn gāoxìng. Dànshì zài měitiān hé Lǐ yìqǐ de liǎng gè yuè yǐhòu, wǒ kāishǐ gǎndào fēicháng lèi. Sān gè yuè hòu, wǒ tài xūruò le, bùnéng qǐchuáng, shènzhì hēbúxià yìbēi tāng. Wǒ xiǎng wǒ yīnggāi huí dào wǒ de lǎojiā, zhǎo yìxiē qīnqi zhàogù wǒ. Dànshì wǒ méiyǒu líkāi, yīnwèi wǒ bùnéng méiyǒu Lǐ.

Wǒ duì Lǐ shuō, "Wǒ hěn bèn. Wǒ yīnggāi tīng Liánxiāng de huà. Kàn kàn wǒ, zhème xūruò, érqiě bìng dé lìhài!" Wǒ tài xūruò le, zhāngbùkāi yǎnjīng. Wǒ bì shàng yǎnjīng shuìzháo le. Dāng wǒ xǐnglái shí, Lǐ zǒu le. Wǒ

女鬼在对你做什么。现在，我可以看到你有大麻烦了。不管我对你说什么，你都不会相信我。很好。我要离开一百天。如果你继续和那个女孩见面，她会让你病得很厉害。在我回来以前，你可能会死。"莲香离开了房子，我一百天见不到她了。

莲香走了以后，我每天晚上都和李在一起，有时她白天也和我在一起。我爱着李，我很高兴。但是在每天和李一起的两个月以后，我开始感到非常累。三个月后，我太虚弱[42]了，不能起床，甚至喝不下一杯汤。我想我应该回到我的老家，找一些亲戚照顾我。但是我没有离开，因为我不能没有李。

我对李说，"我很笨。我应该听莲香的话。看看我，这么虚弱，而且病得厉害！"我太虚弱了，张不开眼睛。我闭[43]上眼睛睡着了。当我醒来时，李走了。我

---

[42] 虚弱　xūruò – weak
[43] 闭　　bì – to close

děng le tā hǎo jǐ tiān, dàn tā méiyǒu huílái. Xiànzài wǒ míngbai le wǒ hé Lǐ de liànqíng huì shā le wǒ. Dànshì wǒ hái méi zhǔnbèi hǎo qù sǐ. Sǐ qián wǒ xiǎng jiàn Liánxiāng.

Dì èr tiān, Liánxiāng huílái le. Tā zǒu dào wǒde chuáng biān, dītóu kànzhe wǒ, qīngshēng shuō, "Ò, wǒ kělián de hěn bèn de rén. Wǒ búshì gàosùguò nǐ huì fāshēng zhège ma?"

Wǒ kāishǐ kū le. Wǒ shuō, "Ò, Liánxiāng, nǐ shì duì de. Wǒ zhēnshì tài bèn le. Wǒ zuòbúdào bù hé Lǐ jiànmiàn, xiànzài wǒ lèi le, wǒ bìng le, wǒ xiǎng wǒ huì sǐ."

Tā huídá shuō, "Wǒ bìxū gàosù nǐ, nǐde bìng hěn lìhài. Tā yǐjīng shēnrù nǐde shēntǐ. Wǒ bù zhīdào zěnme néng ràng nǐ zàicì yǒu jiànkāng de shēntǐ. Suǒyǐ wǒ zhǐ xiǎng gēn nǐ shuō zàijiàn." Tā zhǔnbèi líkāi.

Wǒ táiqǐ le shǒu. "Děng děng. Qǐng xiān wèi wǒ zuò diǎn shì. Zài wǒ de

等了她好几天，但她没有回来。现在我明白了我和李的恋情会杀[44]了我。但是我还没准备好去死。死前我想见莲香。

第二天，莲香回来了。她走到我的床边，低头看着我，轻声说，"哦，我可怜的很笨的人。我不是告诉过你会发生这个吗？"

我开始哭了。我说，"哦，莲香，你是对的。我真是太笨了。我做不到不和李见面，现在我累了，我病了，我想我会死。"

她回答说，"我必须告诉你，你的病很厉害。它已经深入你的身体。我不知道怎么能让你再次有健康的身体。所以我只想跟你说再见。"她准备离开。

我抬起了手。"等等。请先为我做点事。在我的

---

[44] 杀　　shā – to kill

zhěntou xià yǒu yì zhī xiǎo tuōxié. Shì Lǐ de tuōxié. Wǒ jīngcháng yòng tā, dāng wǒ xiǎng jiàn tā de shíhòu, wǒ jiù yòng tā lái jiào tā. Wǒ yào nǐ bǎ tā shāo le."

Liánxiāng zài wǒde zhěntou xià zhǎodào le tuōxié. Tā ná qǐlái, zǐxì de kànzhe tā. Tā yídìng yě zài xiǎngzhe Lǐ, yīnwèi jiù zài nà shí, Lǐ chūxiàn le. Tā kàndào le Liánxiāng, mǎshàng pǎo le. Dànshì Liánxiāng hěnkuài pǎo dào mén qián, yòng shēntǐ dǔzhù le mén. Tā kànzhe Lǐ shuō, "Suǒyǐ, wǒde xiǎoguǐ, xiànzài wǒmen miànduìmiàn le! Nǐ shuō shì wǒ ràng Sāng sheng le bìng, dàn dāngrán shì nǐ, ér búshì wǒ. Kàn kàn tā, tā kuài sǐ le! Nǐ xiànzài yào shuō shénme?"

Lǐ dītóu kànzhe dìmiàn, bǎ shǒu fàng zài liǎn shàng, kāishǐ kū le.

"Nǐ zuò le zhè. Nǐ bǎ ài yòngzuò wǔqì lái shānghài zhège hǎo nánrén. Nǐ zěnme néng zuò zhèyàng de shì?"

枕头[45]下有一只小拖鞋。是李的拖鞋。我经常用它，当我想见她的时候，我就用它来叫她。我要你把它烧[46]了。"

莲香在我的枕头下找到了拖鞋。她拿起来，仔细地看着它。她一定也在想着李，因为就在那时，李出现了。她看到了莲香，马上跑了。但是莲香很快跑到门前，用身体堵住了门。她看着李说，"所以，我的小鬼，现在我们面对面了！你说是我让桑生了病，但当然是你，而不是我。看看他，他快死了！你现在要说什么？"

李低头看着地面，把手放在脸上，开始哭了。

"你做了这。你把爱用做武器来伤害这个好男人。你怎么能做这样的事？"

---

[45] 枕头　　zhěntou – pillow
[46] 烧　　　shāo – to burn

Lǐ kū dé gèng lìhài le. Ránhòu tā duì Liánxiāng shuō, "Ràng wǒ gàosù nǐ wǒ de gùshì. Wǒ zài yígè qiángdà ér yǒu qián de jiālǐ zhǎng dà. Dāng wǒ háishì xiǎo nǚhái de shíhòu, zhège nánrén Sāng lái wǒmen jiā hé wǒ de fùqīn jiànmiàn. Jǐnguǎn wǒ hěn xiǎo, wǒ háishì àishàng le tā. Wǒ shènzhì bù zhīdào tā shì búshì kànjiàn le wǒ. Dàn zhè yǐhòu tā kěndìng bù jìdé wǒ le. Bùjiǔ yǐhòu, wǒ shēng bìng sǐle, nà shí wǒ háishì gè xiǎo nǚhái. Wǒ hái méiyǒu kāishǐ wǒde shēnghuó, wǒ yě méiyǒu bànfǎ qù ài zhège nánrén. Dànshì suīrán wǒ sǐle, wǒ réngrán zài xīnlǐ xiǎngzhe tā, àizhe tā."

Liánxiāng shuō, "Nà jiùshì wèishénme nǐ lái zhèlǐ? Nǐ xiǎng ràng zhège rén chéngwéi nǐde liànrén, ránhòu shā sǐ tā, zhèyàng nǐmen liǎng gè jiù kěyǐ yìqǐ zài dìyù le? Nǐ bǎ nà jiào ài ma?"

"Bù, wǒ bùxiǎng yào nàyàng. Rúguǒ liǎng gè guǐ zài yìqǐ, nàme duìyú tāmen liǎng gè lái shuō jiù méiyǒu shénme kuàilè le. Rúguǒ zhè jiùshì wǒ xiǎng yàode, nàme zài dìyù yǒu hěnduō sǐqù de niánqīng rén. Duì wǒ lái shuō, yīnggāi hěn róngyì zài tāmen dāngzhòng xuǎn yígè."

"Hǎoba, yěxǔ nǐ méiyǒu xiǎngyào shā sǐ tā. Dànshì nǐ měi wǎn dōu hé tā

李哭得更厉害了。然后她对莲香说，"让我告诉你我的故事。我在一个强大而有钱的家里长大。当我还是小女孩的时候，这个男人桑来我们家和我的父亲见面。尽管我很小，我还是爱上了他。我甚至不知道他是不是看见了我。但这以后他肯定不记得我了。不久以后，我生病死了，那时我还是个小女孩。我还没有开始我的生活，我也没有办法去爱这个男人。但是虽然我死了，我仍然在心里想着他，爱着他。"

莲香说，"那就是为什么你来这里？你想让这个人成为你的恋人，然后杀死他，这样你们两个就可以一起在地狱了？你把那叫爱吗？"

"不，我不想要那样。如果两个鬼在一起，那么对于他们两个来说就没有什么快乐了。如果这就是我想要的，那么在地狱有很多死去的年轻人。对我来说，应该很容易在他们当中选一个。"

"好吧，也许你没有想要杀死他。但是你每晚都和他

zuò'ài, nàyàng shì kěyǐ shā sǐ yígè nánrén de, jíshǐ tā de liànrén shì yìbān de nǚhái. Gèng búyòng shuō rúguǒ liànrén shì gè guǐ, nà huì gèng bù hǎo."

"Húlíjīng yě huì shā sǐ rén. Nǐ hé wǒ yǒu shénme bùtóng?"

"Wǒ búshì nà zhǒng húlí. Nǐ shuō de shì húlíjīng, tāmen yòng zuò'ài lái qǔ nánrén de qì. Tāmen bǎ nánrén biàn dé xūruò ràng tāmen zìjǐ biàn dé qiángdà. Wǒ búshì nàyàng de. Wǒ shì yì zhī bù shāng rén de húlí. Dànshì, méiyǒu bù shāng rén de guǐ zhè zhǒng shì!"

Zài tāmen shuōhuà shí, wǒ tǎng zài chuáng shàng tīngzhe. Wǒ fēicháng xūruò, kuàiyào sǐle. Xiànzài wǒ zhōngyú míngbai, wǒde yígè liànrén shì húlíjīng, lìng yígè shì guǐ. Wǒ jìdé hǎojǐ gè yuè qián (dàn gǎnjué hǎoxiàng shì yìshēng de shíjiān), wǒde péngyǒu Yīfán tíxǐngguò wǒ guānyú húlíjīng hé guǐ. Nàshí wǒ yǐwéi tā zài jiǎng háizimen de gùshì, wǒ bù xiāngxìn tā. Dànshì xiànzài wǒ zhīdào tā shì duì de. Wǒ yǒu liǎng gè nǚ péngyǒu, dàn méiyǒu yígè shì rén. Nà běnlái yīnggāi hěn yǒuqù, dànshì wǒ shízài shì bìng dé tài lìhài ér xiào bù chūlái. Shíjì shàng, suízhe duìhuà de jìxù, wǒ biàn dé yuè lái yuè

做爱，那样是可以杀死一个男人的，即使他的恋人是一般的女孩。更不用说如果恋人是个鬼，那会更不好。"

"狐狸精也会杀死人。你和我有什么不同？"

"我不是那种狐狸。你说的是狐狸精，他们用做爱来取男人的气。他们把男人变得虚弱让他们自己变得强大。我不是那样的。我是一只不伤人的狐狸。但是，没有不伤人的鬼这种事！"

在他们说话时，我躺在床上听着。我非常虚弱，快要死了。现在我终于明白，我的一个恋人是狐狸精，另一个是鬼。我记得好几个月前（但感觉好像是一生的时间），我的朋友一凡提醒过我关于狐狸精和鬼。那时我以为他在讲孩子们的故事，我不相信他。但是现在我知道他是对的。我有两个女朋友，但没有一个是人。那本来应该很有趣，但是我实在是病得太厉害而笑不出来。实际上，随着对话的继续，我变得越来越

xūruò. Wǒ néng gǎnjuédào qì cóng wǒde shēntǐ nèi líqù. Wǒ shāngxīn de kū le.

Liánxiāng hé Lǐ tíngzhǐ le shuōhuà, dōu dītóu kànzhe wǒ. Liánxiāng duì Lǐ shuō, "Hǎoba, wǒmen de niánqīng rén bìng dé hěn lìhài. Wǒmen yào bǎ tā zěnme bàn?"

Lǐ shuō, "Yòng wǒmen suǒyǒu de yíqiè lái bāngzhù tā, ràng tā zàicì yǒu yígè jiànkāng de shēntǐ. Gěi tā zhǎo ge hǎo yīshēng. Gěi tā yìxiē cǎoyào. Zuò yíqiè nǐ néng zuò de shì lái bāngzhù tā. Duìbùqǐ, dōu shì wǒ zhǎo lái de máfan. Wǒ yào zǒu le, yǒngyuǎn búhuì zài huílái le."

"Bù, nǐ bùnéng líkāi. Wǒ zài cūn wài de Xiānnǚ shān shàng shōu le yìxiē cǎoyào. Tāmen fēicháng nán zhǎodào, wǒ huā le sān gè yuè de shíjiān zhǎodào le tāmen. Zhèxiē cǎoyào kěyǐ bāngzhù tā. Dànshì bìxū yóu yǐnqǐ tā shēngbìng de rén gěi tā. Nà jiùshì nǐ. Suǒyǐ, nǐ bìxū bāngzhù wǒ zuò zhège."

"Dāngrán. Wǒ yīnggāi zěnme bàn?"

"Wǒ huì bǎ yào fàng dào tā de zuǐ lǐ. Ránhòu, nǐ bìxū bǎ nǐ de zuǐ fàng

虚弱。我能感觉到气从我的身体内离去。我伤心地哭了。

莲香和李停止了说话，都低头看着我。莲香对李说，"好吧，我们的年轻人病得很厉害。我们要把他怎么办？"

李说，"用我们所有的一切来帮助他，让他再次有一个健康的身体。给他找个好医生。给他一些草药。做一切你能做的事来帮助他。对不起，都是我找来的麻烦。我要走了，永远不会再回来了。"

"不，你不能离开。我在村外的仙女山上收了一些草药。它们非常难找到，我花了三个月的时间找到了它们。这些草药可以帮助他。但是必须由引起他生病的人给他。那就是你。所以，你必须帮助我做这个。"

"当然。我应该怎么办？"

"我会把药放到他的嘴里。然后，你必须把你的嘴放

zài tāde zuǐ shàng, bǎ nǐde kǒushuǐ sòng dào tāde zuǐ lǐ."

Lǐ de liǎn hóng le. Tā búzài kàn Liánxiāng. Tā dītóu kànzhe tuōxié.

"Ò, láiba," Liánxiāng shuō, "zhè búshì yí jiàn dàshì. Nǐ yǐqián yǐjīng hé tā zuòguò hěnduōcì le. Zhè duì nǐ lái shuō búshì shénme xīn de shì!" Ránhòu tā qù ná tāde bāo, qǔchū yí dà kē yào. Tā fēicháng xiǎoxīn de bǎ tā fàng zài wǒde zuǐ lǐ. Ránhòu tā kànzhe Lǐ. Lǐ dīxià shēn, wěn le wǒ, bǎ tāde yìxiē kǒushuǐ sòng rù wǒde zuǐ lǐ.

"Zàilái yícì!" Liánxiāng shuō. Lǐ yízài de zhèyàng zuò, yòu zuò le sān dào sì cì, měicì bǎ gèng duō de kǒushuǐ sòng rù wǒde zuǐ lǐ. Zhōngyú yǒu gòuduō de kǒushuǐ, ràng wǒ nénggòu tūn xià nà yí dà kē yào. Yì fēnzhōng hòu, wǒde dùzi kāishǐ fāchū xiàng léi shēng yíyàng de shēngyīn. Liánxiāng bǎ tā zìjǐ de zuǐ fàng zài wǒde zuǐ shàng, tā bǎ tāde qì tuīsòng dào wǒde shēntǐ nèi. Wǒ gǎnjué wǒde shēntǐ jiù xiàng zháohuǒ yíyàng, wǒ gǎndào wǒde qì yuè

在他的嘴上，把你的口水送到他的嘴里。"

李的脸红了。她不再看莲香。她低头看着拖鞋。

"哦，来吧，"莲香说，"这不是一件大事。你以前已经和他做过很多次了。这对你来说不是什么新的事！"然后她去拿她的包，取出一大颗药。她非常小心地把它放在我的嘴里。然后她看着李。李低下身，吻了我，把她的一些口水送入我的嘴里。

"再来一次！"莲香说。李一再地这样做，又做了三到四次，每次把更多的口水送入我的嘴里。终于有够多的口水，让我能够吞[47]下那一大颗药。一分钟后，我的肚子开始发出像雷[48]声一样的声音。莲香把她自己的嘴放在我的嘴上，她把她的气推送到我的身体内。我感觉我的身体就像着火一样，我感到我的气越

---

[47] 吞　　tūn – to swallow
[48] 雷　　léi – thunder

lái yuè qiángdà.

"Yào zài fāshēng zuòyòng!" Liánxiāng shuō. Jiù zài zhè shí, zǎoshàng dì yī lǜ yángguāng jìnrù wǒde chuānghù, Lǐ zǒu le.

Liánxiāng liú xiàlái zhàogù wǒ. Wǒ tài xūruò le, bùnéng qù Yīfán jiā chīfàn, suǒyǐ Liánxiāng měitiān dōu wèi wǒ zuò fàn. Lǐ kāishǐ zài wǎnshàng lái, bāngzhù Liánxiāng. Zhèyàng guò le sān gè yuè, yīnwèi tāmen zài yìqǐ gōngzuò, Liánxiāng kāishǐ duì niánqīng de Lǐ yǒu le gǎnqíng, ér Lǐ yě kāishǐ bǎ Liánxiāng kàn zuò jiějie.

Ránhòu yǒu yígè xīngqī Lǐ méiyǒu lái. Zhōngyú, yǒu yìtiān wǎnshàng tā lái le, dànshì tā kànshàngqù yòu lèi yòu shòu. Liánxiāng duì tā shuō, "Wǒ qīn'ài de mèimei, hé wǒmen yìqǐ dào chuáng shàng lái." Lǐ yáo le yáo tóu, kāishǐ mànman zǒuxiàng ménkǒu. Wǒ zǒuxiàng tā, bào qǐ tā, bǎ tā bào dào chuáng shàng. Tā tài qīng le, gǎnjué jiù xiàng yì xiǎo kǔn cǎo. Wǒ qīngróu de bǎ tā

来越强大。

"药在发生作用！"莲香说。就在这时，早上第一缕[49]阳光进入我的窗户，李走了。

莲香留下来照顾我。我太虚弱了，不能去一凡家吃饭，所以莲香每天都为我做饭。李开始在晚上来，帮助莲香。这样过了三个月，因为她们在一起工作，莲香开始对年轻的李有了感情，而李也开始把莲香看做姐姐。

然后有一个星期李没有来。终于，有一天晚上她来了，但是她看上去又累又瘦。莲香对她说，"我亲爱的妹妹，和我们一起到床上来。"李摇[50]了摇头，开始慢慢走向门口。我走向她，抱起她，把她抱到床上。她太轻了，感觉就像一小捆[51]草。我轻柔地把她

---

[49] 缕　lǚ – ray (of sunlight)
[50] 摇　yáo – to shake
[51] 捆　kǔn – bundle <measure word>

fàng zài chuáng shàng. Tā zhǐshì bì shàng yǎnjīng shuìzháo le.

Zǎoshàng, Lǐ yǐjīng zǒu le. Liánxiāng hé wǒ děng tā huílái, dàn tā méiyǒu huílái. Hǎoduō tiān wǒ dōu náqǐ tuōxié, xiǎngzhe Lǐ, dàn tā méiyǒu chūxiàn. Wǒ bù zhīdào tā zěnme le, dàn wǒ zhīdào tā yǐjīng búzài zhège shìjiè shàng le.

"Tā fēicháng yōuxiù," Liánxiāng shuō. "Wǒ yǐjīng kāishǐ bǎ tā kàn zuò wǒ qīn'ài de mèimei. Wǒ míngbai le nǐ wèishénme huì àishàng tā."

***

Jǐ gè xīngqī hòu, wǒde péngyǒu Yīfán lái wǒjiā, yǔ Liánxiāng hé wǒ yìqǐ hē chá. Tā shuō, "Wǒ gānggāng tīng dào yígè fēicháng qíguài de gùshì, wǒ xiǎng nǐmen huì fāxiàn zhè gùshì hěn yǒuqù. Zhège cūnzhuāng lǐ yǒu yígè Zhāng jiā. Zhāng xiānsheng shì zuò shēngyì de, hěn yǒu qián. Tāmen yǒu yígè háizi, yígè shíwǔ suì de nǚhái jiào Yàn. Zuìjìn, zhè ge nǚhái bìng dé hěn lìhài, yǒu yìtiān wǎnshàng, tā hǎoxiàng sǐle. Dànshì dì èr tiān zǎoshàng, nàge nǚhái zuò qǐlái, qǐ le chuáng, yìdiǎn bìng dōu méiyǒu! Tā duì fùqīn hé

放在床上。她只是闭上眼睛睡着了。

早上,李已经走了。莲香和我等她回来,但她没有回来。好多天我都拿起拖鞋,想着李,但她没有出现。我不知道她怎么了,但我知道她已经不在这个世界上了。

"她非常优秀,"莲香说。"我已经开始把她看做我亲爱的妹妹。我明白了你为什么会爱上她。"

***

几个星期后,我的朋友一凡来我家,与莲香和我一起喝茶。他说,"我刚刚听到一个非常奇怪的故事,我想你们会发现这故事很有趣。这个村庄里有一个张家。张先生是做生意的,很有钱。他们有一个孩子,一个十五岁的女孩叫燕。最近,这个女孩病得很厉害,有一天晚上,她好像死了。但是第二天早上,那个女孩坐起来,起了床,一点病都没有!她对父亲和

mǔqīn shuō, 'Wǒ shì zhège dìfāng qūzhǎng de nǚ'ér. Wǒ àishàng le yígè jiào Sāng de niánqīng rén. Wǒ bǎ tuōxié liú zài le tā jiā lǐ. Tā yìzhí zài wǒ xīnzhōng, wǒ bìxū zàicì jiàndào tā. Nǐ bùnéng bù ràng wǒ qù zhǎo tā, yīnwèi wǒ shì ge guǐ.'

"Tāde fùqīn hé mǔqīn bù zhīdào yīnggāi zěnme xiǎng zhè jiàn shì. Tāmen duì tā shuō, 'Rúguǒ nǐ shì guǐ, nǐ shì zěnme zhù zài wǒmen jiā de?' Yàn méiyǒu bànfǎ huídá. Ránhòu tāde fùqīn hé mǔqīn shuō, 'Wǒmen rènshi zhège jiào Sāng de niánqīng rén. Tā bìng le, jǐ gè yuè qián líkāi wǒmen de cūnzhuāng huí dào tāde lǎojiā.' Dànshì Yàn shuō, 'Bù, tā hái zhù zài zhèlǐ!' "

Dāng wǒ tīng dào zhège xiāoxi shí, wǒ xiǎng mǎshàng qù Zhāng jiā, kàn kàn zhège nǚhái. Dànshì wǒ hěn qióng, tā de jiā fēicháng yǒu qián, suǒyǐ wǒ méi bànfǎ qù jiàn tā. Érqiě, wǒ bùnéng zhǐshì zǒu dào tāmen de jiā mén qián shuō, "Nǐ hǎo, wǒ shì nǐ nǚ'ér qiánshēng de liànrén."

Dì èr tiān, wǒ tīngdào le qiāo mén shēng. Wǒ dǎkāi mén, kàndào yígè nǚ

母亲说，'我是这个地方区长的女儿。我爱上了一个叫桑的年轻人。我把拖鞋留在了他家里。他一直在我心中，我必须再次见到他。你不能不让我去找他，因为我是个鬼。'

"她的父亲和母亲不知道应该怎么想这件事。他们对她说，'如果你是鬼，你是怎么住在我们家的？'燕没有办法回答。然后她的父亲和母亲说，'我们认识这个叫桑的年轻人。他病了，几个月前离开我们的村庄回到他的老家。'但是燕说，'不，他还住在这里！'"

当我听到这个消息时，我想马上去张家，看看这个女孩。但是我很穷，她的家非常有钱，所以我没办法去见她。而且，我不能只是走到他们的家门前说，"你好，我是你女儿前生的恋人。"

第二天，我听到了敲门声。我打开门，看到一个女

pú zhàn zài nà'er. Tā duì wǒ shuō, "Zhāng de nǚ'ér shuō tā zài nǐ jiā liú xià le yì zhī tuōxié. Dāngrán, zhè búhuì shì zhēnde, yīnwèi tā cónglái méiyǒu láiguò zhèlǐ. Dànshì, Zhāng xiānsheng hái shì yào wǒ guòlái wèn nǐ."

Wǒ náqǐ Lǐ de tuōxié gěi le nǚpú. "Zhèshì Zhāng xiānsheng nǚ'ér shuō de nà zhī tuōxié. Qǐng bǎ tā dài gěi tā."

Hǎojǐ gè xīngqī wǒ dōu méiyǒu tīngdào gēn zhège yǒu guānxì de rènhé xiāoxi. Dànshì jiēzhe, Yīfán lái jiàn wǒmen, tā gàosù le wǒmen jiēxiàlái de gùshì. Tā shuō, "Nǚpú shì wǒde yígè péngyǒu, tā gàosù wǒ fāshēng le shénme shì. Nàge nǚpú huí dào le Zhāng jiā, gěi le Yàn hé tāde fùqīn hé mǔqīn kàn le nà zhī tuōxié. Yàn kàndào tuōxié shí gāoxìng de kū le. Dànshì hòulái tā shìzhe bǎ tā chuān zài jiǎo shàng. Tuōxié duì tā de jiǎo lái shuō tài xiǎo le. Tā kànzhe jìngzi lǐmiàn de zìjǐ, fāxiàn zìjǐ búzài shì Lǐ, tā yǐ yígè wánquán bùtóng de nǚhái huí dào le tāde shēngmìng zhòng. Tā kūzhe shuō, 'ò, dāng wǒ shì guǐ de shíhòu, wǒ piàoliang duō le!'

仆[52]站在那儿。她对我说，"张的女儿说她在你家留下了一只拖鞋。当然，这不会是真的，因为她从来没有来过这里。但是，张先生还是要我过来问你。"

我拿起李的拖鞋给了女仆。"这是张先生女儿说的那只拖鞋。请把它带给她。"

好几个星期我都没有听到跟这个有关系的任何消息。但是接着，一凡来见我们，他告诉了我们接下来的故事。他说，"女仆是我的一个朋友，她告诉我发生了什么事。那个女仆回到了张家，给了燕和她的父亲和母亲看了那只拖鞋。燕看到拖鞋时高兴地哭了。但是后来她试着把它穿在脚上。拖鞋对她的脚来说太小了。她看着镜子里面的自己，发现自己不再是李，她以一个完全不同的女孩回到了她的生命中。她哭着说，'哦，当我是鬼的时候，我漂亮多了！'

---

[52] 仆　　pú – servant

"Nà yǐhòu, nǚhái zài chuáng shàng tang le yígè xīngqī. Tā bù chī bù hē. Dànshì tā méiyǒu biàn shòu, tāde shēntǐ kāishǐ zhǒngzhàng. Hòulái zhǒngzhàng jiǎnqīng le. Tā biàn dé fēicháng è, tā yòu kāishǐ chīhē. Zhōngyú tā cóng chuáng shàng qǐlái. Tāde jiù pífū cóng tāde shēntǐ shàng diào xiàlái. Zài jìngzi lǐ, tā kàndào tā zìjǐ kànshàngqù yòu shì měilì de Lǐ. Érqiě tuōxié chuān zài jiǎo shàng dàxiǎo zhènghǎo."

Liánxiāng shuō, "Zhè tài hǎo le. Wǒmen qīn'ài de Lǐ huílái le! Sāng, nǐ bìxū ràng méirén dào Zhāng jiā qù."

Wǒ huídá shuō, "Wǒ bùnéng nàyàng zuò. Zhāng jiā fēicháng yǒu qián, yuǎn yuǎn zài wǒ zhī shàng. Ràng wǒmen děng děng kàn."

Jǐ gè xīngqī yǐhòu, shì Zhāng tàitai liùshí suì de shēngrì. Wǒ zhīdào zhè shì wǒ yīzhí zài děng de jīhuì. Wǒ dàizhe gěi Zhāng tàitài de xiǎo lǐwù qù le Zhāng jiā. Nàge nǚpú qǐng wǒ hé qítā jǐ wèi kèrén yìqǐ jìn le fáng. Dāng wǒ yǔ Zhāng xiānsheng hé Zhāng tàitai liáotiān shí, Yàn kànjiàn le wǒ. Tā pǎo jìn fáng

"那以后,女孩在床上躺了一个星期。她不吃不喝。但是她没有变瘦,她的身体开始肿胀[53]。后来肿胀减轻了。她变得非常饿,她又开始吃喝。终于她从床上起来。她的旧皮肤从她的身体上掉下来。在镜子里,她看到她自己看上去又是美丽的李。而且拖鞋穿在脚上大小正好。"

莲香说,"这太好了。我们亲爱的李回来了!桑,你必须让媒人[54]到张家去。"

我回答说,"我不能那样做。张家非常有钱,远远在我之上。让我们等等看。"

几个星期以后,是张太太[55] 六十岁的生日。我知道这是我一直在等的机会。我带着给张太太的小礼物去了张家。那个女仆请我和其他几位客人一起进了房。当我与张先生和张太太聊天时,燕看见了我。她跑进房

---

[53] 肿胀　zhǒngzhàng – to swell
[54] 媒人　méirén – matchmaker
[55] 太太　tàitai – Mrs.

jiān, tiào rù wǒde huái lǐ. "Ò, wǒ qīn'ài de Sāng," tā duì wǒ shuō, "dài wǒ huí jiā!"

"Wǒde nǚ'ér, nǐ bùnéng zhèyàng shuōhuà!" Tāde mǔqīn shuō. "Xiànzài qù nǐde fángjiān!"

Wǒ hěn gāoxìng jiàndào wǒ qīn'ài de liànrén, wǒ guì xià kū le. Zhāng tàitai bāng wǒ cóng dìshàng zhàn qǐlái. Wǒ líkāi le fángzi, qǐng nǚhái de shūshu dāng zhōngjiānrén. Tā hé Zhāng xiānsheng hé Zhāng tàitai tǎolùn le zhè jiàn shì. Jīngguò duō cì tǎolùn, tāmen zhōngyú tóngyì le ràng Yàn hé wǒ jiéhūn. Yàn hé wǒ dōu tài kāixīn le, xuǎn hǎo le hūnlǐ de rìzi.

Zhǐshì hái yǒu yígè wèntí, wǒde lìng yígè liànrén. Ànzhào fǎlǜ, rúguǒ yígè nánrén de qīzi méiyǒu gěi tā shēng yígè érzi, tā kěyǐ yǒu dì èr ge qīzi. Dànshì wǒ zhīdào ràng Liánxiāng tóngyì zhè yǒudiǎn kùnnán. Wǒ huí dào jiā gàosù Liánxiāng wǒ jìhuà zhōng de hūnlǐ. Tā shuō, "Qīn'ài de, wǒ

间，跳入我的怀里。"哦，我亲爱的桑，"她对我说，"带我回家！"

"我的女儿，你不能这样说话！"她的母亲说。"现在去你的房间！"

我很高兴见到我亲爱的恋人，我跪[56]下哭了。张太太帮我从地上站起来。我离开了房子，请女孩的叔叔当中间人。他和张先生和张太太讨论了这件事。经过多次讨论，他们终于同意了让燕和我结婚。燕和我都太开心了，选好了婚礼[57]的日子。

只是还有一个问题，我的另一个恋人。按照法律，如果一个男人的妻子没有给他生一个儿子，他可以有第二个妻子。但是我知道让莲香同意这有点困难。我回到家告诉莲香我计划中的婚礼。她说，"亲爱的，我

---

[56] 跪　　guì – to kneel
[57] 婚礼　hūnlǐ – wedding

wèi nǐ gǎndào gāoxìng. Dànshì wǒ bùnéng liú xià. Wǒ bìxū líkāi."

"Qǐng děng yíxià," wǒ shuō. "Wǒ yǒu gè zhǔyì. Nǐ hé wǒ yǐ zhàngfū hé qīzi de guānxì huí dào wǒde lǎojiā. Nǐ huì chéngwéi wǒde dì yī gè qīzi. Nǐ zhù zài nà'er, wǒ huí dào zhèlǐ hé Yàn jiéhūn. Tā huì shì wǒde dì èr ge qīzi. Ránhòu, nǐ kěyǐ huílái." Liánxiāng tóngyì le.

Ránhòu, wǒ bùdé bù yǔ Zhāng xiānsheng hé Zhāng tàitai tán. Wǒ gàosù tāmen wǒ yǐjīng hé wǒ lǎojiā de yí gè nǚrén jiéhūn le, dànshì wǒmen hái méiyǒu érzi. Wǒ yào ràng Yàn chéngwéi wǒde dì èr ge qīzi. Wǒ shuō wǒ huì ài tā, zhàogù tā. Tāmen tīngdào wǒ yǐjīng jiéhūn búshì hěn gāoxìng, dàn tāmen yě zhīdào tāmen de nǚ'ér zhēnde hěn xiǎng chéngwéi wǒde qīzi. Suǒyǐ tāmen tóngyì le.

Hūnlǐ jiéshù hòu, wǒ bǎ Yàn dài huí le wǒjiā. Dāng wǒmen dǎkāi mén shí, wǒmen fāxiàn fángzi lǐ fàng mǎn le jǐ shí zhī diǎn dé hěn liàng de hóng dēnglóng. Nàlǐ zhànzhe Liánxiāng, děngzhe wǒmen. Tā hé Yàn bào zài yìqǐ, tāmen huí

为你感到高兴。但是我不能留下。我必须离开。"

"请等一下，"我说。"我有个主意。你和我以丈夫和妻子的关系回到我的老家。你会成为我的第一个妻子。你住在那儿，我回到这里和燕结婚。她会是我的第二个妻子。然后，你可以回来。"莲香同意了。

然后，我不得不与张先生和张太太谈。我告诉他们我已经和我老家的一个女人结婚了，但是我们还没有儿子。我要让燕成为我的第二个妻子。我说我会爱她，照顾她。他们听到我已经结婚不是很高兴，但他们也知道他们的女儿真的很想成为我的妻子。所以他们同意了。

婚礼结束后，我把燕带回了我家。当我们打开门时，我们发现房子里放满了几十只点得很亮的红灯笼[58]。那里站着莲香，等着我们。她和燕抱在一起，她们回

---

[58] 灯笼　dēnglóng – lantern

dào le yǐqián zài yìqǐ de yǒuhǎo gǎnqíng. Liánxiāng wèn tā fāshēng le shénme shì.

Yān shuō, "Wǒ líkāi nǐmen de nàtiān, wǒ zài cūnzhuāng lǐ zǒu le jǐ gè xiǎoshí. Měi dào yígè dìfāng dāng wǒ kàndào kuàilè de rénmen, jiù ràng wǒ fēicháng nánguò. Wǒ bùxiǎng huí dào wǒde fénmù. Wǒ xiǎng huó! Dāng wǒ zǒuguò cūnzhuāng shí, wǒ lái dào le Zhāng jiā, kàndào nà ge xiǎo nǚ hái gāng sǐ. Wǒ bù zhīdào fāshēng le shénme, dàn bù zhīdào zěnme, wǒ jìnrù le tāde shēntǐ, wǒ chéngwéi le tā."

Ránhòu Yàn hé wǒ zǒu jìn shuìjiào fángjiān. Wǒ gěi le tā yígè hūnlǐ bēi, tā yě gěi le wǒ yígè. Wǒ bǎ liǎng gè bēizi dōu fàng mǎn le jiǔ. Wǒmen hùxiāng sì cì jūgōng. Dì yī cì shì duì tiān hé dì, dì èr cì shì duì wǒmen de yéye hé nǎinai, dì sān cì shì duì wǒmen de fùqīn hé mǔqīn, dì sì cì shì wǒmen liǎng rén hùxiāng jūgōng. Wǒmen hē le jiǔ. Ránhòu wǒmen qǐng Liánxiāng jìnlái, wǒmen sān gè rén yìqǐ shàngchuáng zuò'ài.

到了以前在一起的友好感情。莲香问她发生了什么事。

燕说，"我离开你们的那天，我在村庄里走了几个小时。每到一个地方当我看到快乐的人们，就让我非常难过。我不想回到我的坟墓。我想活！当我走过村庄时，我来到了张家，看到那个小女孩刚死。我不知道发生了什么，但不知道怎么，我进入了她的身体，我成为了她。"

然后燕和我走进睡觉房间。我给了她一个婚礼杯，她也给了我一个。我把两个杯子都放满了酒。我们互相四次鞠躬[59]。第一次是对天和地，第二次是对我们的爷爷和奶奶，第三次是对我们的父亲和母亲，第四次是我们两人互相鞠躬。我们喝了酒。然后我们请莲香进来，我们三个人一起上床做爱。

---

[59] 鞠躬　jūgōng – to bow

Wǒmen sān gè rén kuàilè de shēnghuó le hǎojǐ gè yuè. Liánxiāng gěi wǒ sheng le yígè nánháizi, zhè ràng wǒmen gèng shì gāoxìng. Dànshì hòulái Liánxiāng bìng le. Tā bùnéng líkāi tāde chuáng. Wǒ qǐng lái le yīshēng, dàn tā bǎ tāmen dōu sòng zǒu le. Jiù zài tā sǐ qián, tā wòzhù Yàn de shǒu gàosù tā, "Qǐng búyào kū, qīn'ài de mèimei. Nǐ huì zài shēnghuó zhōng zhǎodào nǐde xìngfú, wǒ huì zài sǐqù zhōng zhǎodào wǒde xìngfú. Qǐng zhàogù wǒde háizi. Rúguǒ shàngtiān yǔnxǔ dehuà, shí nián hòu wǒ huì zàijiàn dào nǐ."

Tā bì shàng yǎnjīng sǐle. Dāng wǒmen dǎkāi bèizi shí, wǒmen zài chuáng shàng fāxiàn le yì zhī sǐle de jiǔ wěi húlí. Wǒmen bǎ húlí mái zài lí tā zhù de húlí dòng bù yuǎn de shānshàng.

Wǒmen gěi nánhái qǔ míng wéi Hú'er. Yàn zhàogù zhège nán hái, bǎ tā dāngchéng tā zìjǐ de háizi yíyàng. Měinián Qīngmíng jié de shíhòu, wǒmen dōu qù Liánxiāng de fénmù, wèi tā kū fén.

我们三个人快乐地生活了好几个月。莲香给我生了一个男孩子，这让我们更是高兴。但是后来莲香病了。她不能离开她的床。我请来了医生，但她把他们都送走了。就在她死前，她握住燕的手告诉她，"请不要哭，亲爱的妹妹。你会在生活中找到你的幸福，我会在死去中找到我的幸福。请照顾我的孩子。如果上天允许的话，十年后我会再见到你。"

她闭上眼睛死了。当我们打开被子时，我们在床上发现了一只死了的九尾[60]狐狸。我们把狐狸埋[61]在离她住的狐狸洞不远的山上。

我们给男孩取名为狐儿。燕照顾这个男孩，把他当成她自己的孩子一样。每年清明节的时候，我们都去莲香的坟墓[62]，为她哭坟。

---

[60] 尾　　wěi – tail
[61] 埋　　mái – to bury
[62] This is the Tomb Sweeping Day, usually on April 4 or 5, when Chinese people show respect to their ancestors and tend to their gravesites.

Xǔduō nián guòqù. Yàn méiyǒu shēngchū rènhé háizi. Hú'er zhǎng dà le, tā shì ge cōngmíng dàn xūruò de niánqīng rén. Yàn ài tā, dàn tā dānxīn tāde jiànkāng, tā duō cì gàosù wǒ, wǒ yīnggāi zài yào yígè qīzi, zhèyàng wǒ jiù kěyǐ yǒu lìng yígè érzi. Dànshì wǒ bùxiǎng zài yǒu yígè qīzi.

Yǒu yìtiān, yǒurén qiāo mén. Wǒ dǎkāi mén. Yígè lǎonián nǚrén zhàn zài nà'er, wòzhe yígè shísì suì nǚhái de shǒu. Yàn kànjiàn nàge nǚhái hòu kūzhe shuō, "Shì Liánxiāng, cóng sǐrén shìjiè huílái le!" Zhè wèi lǎonián nǚrén shuō tā de jiā hěn qióng, tā xūyào mài zhège nǚhái, ràng tā jiālǐ de qítā rén yǒu gòuduō de qián lái shēnghuó. Wǒ hěn gāoxìng gěi tā qián, suǒyǐ gěi le tā bǐ tā yào de gèng duō de qián.

Lǎonián nǚrén zǒu hòu, Yàn bǎ xiǎo nǚhái dài jìn le fángzi. Tā duì nǚhái xiàozhe wèn, "Nǐ bú rènshi wǒ ma?"

"Bù, wǒ bú rènshi." Nǚhái huídá.

"Shuō shuō nǐ zìjǐ."

"Wǒ xìng Wéi. Wǒ fùqīn sān nián qián sǐle. Tā yǐqián zài Xú chéng mài

许多年过去。燕没有生出任何孩子。狐儿长大了，他是个聪明但虚弱的年轻人。燕爱他，但她担心他的健康，她多次告诉我，我应该再要一个妻子，这样我就可以有另一个儿子。但是我不想再有一个妻子。

有一天，有人敲门。我打开门。一个老年女人站在那儿，握着一个十四岁女孩的手。燕看见那个女孩后哭着说，"是莲香，从死人世界回来了！"这位老年女人说她的家很穷，她需要卖这个女孩，让她家里的其他人有够多的钱来生活。我很高兴给她钱，所以给了她比她要的更多的钱。

老年女人走后，燕把小女孩带进了房子。她对女孩笑着问，"你不认识我吗？"

"不，我不认识。"女孩回答。

"说说你自己。"

"我姓韦。我父亲三年前死了。他以前在徐城卖

dòujiāng. Tā yǐjīng sǐle sān nián le."

Yàn kànzhe tāde yǎnjīng. "Tīng wǒ shuō. Nǐ shì wǒ jiějie Liánxiāng! Shí nián qián, nǐ shuōguò wǒmen huì zài jiànmiàn de. Nǐ líkāi le wǒmen, xiànzài nǐ huílái le. Nǐ shì Liánxiāng!"

Nǚhái bì shàng le yǎnjīng, ránhòu mànman de yòu zhāng kāi le yǎnjīng, hǎoxiàng cóng mèng zhōng xǐng lái. "Shì de, wǒ xiànzài jì qǐlái le! Nǐ shì wǒ mèimei Lǐ. Wǒ bǐ nǐ dà, dàn xiànzài kànlái wǒ shì mèimei!"

Tāmen hěn gāoxìng zàicì zài yìqǐ. Xiānshì Lǐ zàishēng chéngwéi Yàn, ránhòu shì Liánxiāng zàishēng chéngwéi Wéi. Dànshì wǒmen dōu jìdé wǒmen de guòqù, wǒmen hùxiāng àizhe.

Dì èr nián, zài Qīngmíng jié de shíhòu, quánjiā rén qù shānshàng kàn Liánxiāng de fénmù. Wéi rènzhēn de kànzhe tā qiánshēng de fénmù. Yàn duì wǒ shuō, "Wǒ jiějie hé wǒ zài yìqǐ yǐjīng hěnjiǔ le, jíshǐ sǐle, wǒ yě bùxiǎng hé tā

豆浆[63]。他已经死了三年了。"

燕看着她的眼睛。"听我说。你是我姐姐莲香！十年前，你说过我们会再见面的。你离开了我们，现在你回来了。你是莲香！"

女孩闭上了眼睛，然后慢慢地又张开了眼睛，好像从梦中醒来。"是的，我现在记起来了！你是我妹妹李。我比你大，但现在看来我是妹妹！"

他们很高兴再次在一起。先是李再生成为燕，然后是莲香再生成为韦。但是我们都记得我们的过去，我们互相爱着。

第二年，在清明节的时候，全家人去山上看莲香的坟墓。韦认真地看着她前生的坟墓。燕对我说，"我姐姐和我在一起已经很久了，即使死了，我也不想和她

---

[63] 豆浆　dòujiāng – soymilk

fēnkāi. Qǐng bǎ wǒ qiánshēng de gǔtou bān dào tāde pángbiān."

Yúshì wǒ qù le Lǐ jiā de fénmù. Wǒ bǎ sǐle hěnjiǔ dàn yòu huí dào rén shìjiè wéi nǚ guǐ Lǐ de nǚhái de gǔtou wā le chūlái. Wǒ bǎ gǔtou dài dào shānshàng, bǎ tāmen fàng dào mái Liánxiāng gǔtou dìfang de pángbiān de dì lǐ, Liánxiāng sǐ de shíhòu shì húlí dàn hòulái yòu zàishēng wéi mài dòujiāng rén de nǚ'ér Wéi.

Zài wǒ yǐhòu de rìzi lǐ, měinián wǒ dōu huì qù shānshàng kàn wǒ liǎng gè qīn'ài de liànrén de fénmù, tāmen shì húlíjīng hé guǐ. Duōnián yǐhòu, dāng wǒ sǐ shí, wǒ de liǎng gè qīn'ài de liànrén bǎ wǒ mái zài le tāmen de pángbiān.

分开。请把我前生的骨头[64]搬到她的旁边。"

于是我去了李家的坟墓。我把死了很久但又回到人世界为女鬼李的女孩的骨头挖[65]了出来。我把骨头带到山上，把它们放到埋莲香骨头地方的旁边的地里，莲香死的时候是狐狸但后来又再生为卖豆浆人的女儿韦。

在我以后的日子里，每年我都会去山上看我两个亲爱的恋人的坟墓，她们是狐狸精和鬼。多年以后，当我死时，我的两个亲爱的恋人把我埋在了她们的旁边。

---

[64] 骨头　　gǔtou – bone
[65] 挖　　　wā – to dig up

The Love Triangle

Hello my friends. Greetings from the other side of the grave. My name is Sang. I have been dead for over three hundred years, I hope that will not bother you. These days I live in the underworld. I would like to tell you a story about my life and my two very unusual lovers. You can call this a ghost story, but I call it a love story.

A long time ago, during the early years of the Qing dynasty, I was a young man living in the village of Yizhou. I was born in a different village, but both of my parents died when I was young. I did not want to stay in my native village after that, and since my parents left me a little bit of money, I decided to begin a new life. So I moved to Yizhou.

Because I liked being alone, I lived by myself in a small house. I did not need to work, so I stayed home all day and studied the works of Laozi, Confucius and Mencius. I loved to read and study. Sometimes I wrote letters about these very old books and send them to scholars in other parts of China.

However, I was not completely alone. I had a good friend, a neighbor named Yifan. Twice a day I went to his house to join him for breakfast and dinner, and sometimes he came to visit me for tea. We both enjoyed discussing these great books.

One day, Yifan came to my house for tea. "My friend, why do you live alone?" he asked. "There are many beautiful things in this world, and many interesting people. Who knows, maybe you can find a nice girl and get married!"

I thought about this while preparing tea for my friend. I said, "Thanks, but I am happy living alone."

"But aren't you afraid sometimes? There are ghosts and fox spirits. They might come to your door at night and try to harm you."

"I am not afraid of ghosts or fox spirits. They are just stories that parents tell their children to frighten them."

"Oh no, my friend, don't say that. I have seen ghosts myself!" replied Yifan. "When a person dies, his body goes into the ground and his spirit goes to the underworld. But sometimes their spirit returns from the underworld and walks among the living. Those ghosts can cause a lot of trouble!"

"And what about fox spirits?"

"Ah, you must be very careful if you meet a fox spirit! They are more dangerous than ghosts, and very powerful. An ordinary fox is just a fox. But when a fox becomes fifty years old it can change itself into a woman, so beautiful that you cannot say no to her. When a fox becomes a hundred years old it can also change itself into a handsome man, so powerful that he can see things more than a thousand *li* away. And if a fox becomes a thousand years old, it changes to a golden color, flies up to heaven, and lives in the Palace of the Sun and Moon."

"Yifan, those are just stories told to children at bedtime. I am a grown man, why should I be afraid of such things? First, I don't believe there are really ghosts and fox-spirits. But even if they are, I am not afraid. If a male ghost comes to my door, I will fight him and make him go away. And if a female fox spirit comes, I will open my door, smile at her, and invite her to come inside!"

Yifan laughed at this, and finished drinking his tea. I did not know this at the time, but that evening Yifan talked with his friends about our conversation. One of Yifan's friends had a girlfriend. They asked the girlfriend to go to my house. Quietly she went to my house and tapped on the door. "Who's there?" I asked.

"I'm a ghost!" shouted the girl. I was almost frightened to death. My hands became cold and I started to shake. "Go away! Go away!" I cried. The girl laughed, waited for a few minutes, then she went home.

I could not sleep that night, I was so afraid that the girl would return. The next morning I went to Yifan's house for breakfast. I told Yifan about my meeting with the ghost. I said, "This village has too many ghosts, I cannot live here. I am going back to my native village."

Yifan smiled and replied, "So, you met a beautiful ghost and you told her to go away? I thought you were going to invite her in for tea!"

As soon as he said this, I understood what had happened. "Ah, you are very clever, my friend," I said. "So, it is like I said yesterday. There are no ghosts. No ghosts at my house, no ghosts in this village, no ghosts at all."

Nothing unusual happened for a few months. I continued to study and write and live quietly. Then, one night, I was sitting at home in the evening, reading the Dao De Jing by the light of an oil lamp. I heard a soft tapping on the door, then I heard a woman's voice saying "Hello?" Of course I thought it was another girl sent by my friend Yifan, so I opened the door. Standing there was the most beautiful woman I had ever seen. I remember saying to myself, "If birds saw this girl's face they would fall from the sky." I could not say anything. I just looked at her for a long time. Finally I had to say something, so I whispered, "Who are you?"

She gave me a smile like rays of sunshine on a summer morning. "My name is Lianxiang. I am a singsong girl from the Western District. May I come in?"

I knew right away that this girl could not be one of Yifan's friends. I had no idea who she was or why she was standing at my door. But she completely captured my heart. I knew that if she asked me for anything, I would not be able to say no to her. "Please, come in," I said.

She came into the house, walked right up to me and kissed me. I could not say no so I kissed her back. "Put out the lamp," she said. I could not say no, so I put out the oil lamp. "Come with me into the bed," she said. I could not say no. We made love for a long time, and finally we fell asleep. In the morning, I woke up and she was gone.

I fell in love with the beautiful Lianxiang. Every two or three nights, she visited me and stayed the night, but she was always gone when I woke up in the morning. I did not leave my house except to have breakfast and dinner with my friend Yifan, but I never told him about my new lover.

After a few weeks of this, one evening I was sitting at home reading a book by Confucius. A lamp was burning but the rest of the house was dark. I heard something. I looked up and saw a woman standing in the room. At first I thought it was Lianxiang coming to see me again, and I was happy to see her. I put down the book and walked over to greet her. But when I came near, I saw that this was not Lianxiang. It was a different girl, quite young, maybe sixteen years old. She was tall and thin, with large dark eyes, a small nose, a beautiful smile, and very long black hair. She wore a long silk gown and slippers on her small feet. But there was something strange about her. When she moved she did not walk, her beautiful body just floated from here to there.

When I saw this, I became very afraid. I remembered what my friend Yifan had said about fox spirits. But she was very beautiful and I did not want her to leave. So I just told myself not to worry, that she was just an ordinary girl.

"Who are you?" I asked.

She replied, "My family name is Li. My parents are very wealthy and important. We have heard people talk about you, saying that you are a great scholar. For a long time I have wanted to meet you."

I took her hands. They were as cold as ice. "Your hands are so cold!" I said. "Why are you so cold?"

"The weather is very cold today, and I am just a thin young girl. Of course my hands are cold." She smiled at me. "Can you make my hands warm?" Then she opened the front of her long silk gown. I looked at her dark eyes, I looked at her beautiful body, then I took her in my arms. I carried her to the bed and we made love.

When we awoke in the morning she said to me, "My dear, our love is written in the books of heaven. Let me stay with you. I will sleep with you every night and I will love you forever. But first, you must tell me if you have another lover."

What could I say? I did not want her to ever leave. So I replied, "No, I have no other lover." Then after a moment I added, "Well, there is a singsong girl who lives nearby. Sometimes she comes to visit, but not often."

Li said, "I am not a singsong girl. I will not be here if she is here. If she comes here, I will go. When she leaves, I will return. Also, our love must be a secret, known only to you and me. You must never tell this singsong girl about me!"

Then she gave me one of her slippers and said, "Take this slipper. Put it somewhere safe and secret. Whenever you want me, just hold the slipper in your hand and think of me. I will come to you. But be careful, do not pick up the slipper if anyone else is here!" Then she left.

The next evening, I sat alone in the light of the oil lamp. I could not read any of my books. The only thing I could do was think about Li. So I picked up the slipper. Right away she was there in the room with me, and soon we were making love. She stayed all night.

After a few nights like this, my life began to return to normal. I was able to spend my days reading and studying again, but Li was always in my heart. Some days I forgot to eat breakfast or dinner. Every evening I picked up the slipper and she returned to me. And every day I fell more and more in love with her.

Then, one night, Lianxiang returned. I was happy to see her, because she had been gone for several weeks. She took off my clothes and looked at me, frightened. "My dear, you are so thin! What happened?"

"Nothing," I replied, "I feel fine."

"Don't say that. You look like you have not eaten for a month." I wanted to take her to bed, but instead she asked me to make her a cup of tea. We drank our tea, then she told me that she needed to go away for ten days. She left. Later that evening I picked up Li's slipper and thought of her. When she arrived I told her that Lianxiang would not be coming, and we spent the night together.

I saw Li every day for ten days. On the tenth day Li asked me, "Where is your singsong girl?"

"Oh, she had to go away for ten days," I replied.

Li smiled. "Who is prettier, me or that singsong girl?"

I knew this was a dangerous question! "Well, her hands are a little bit warmer than yours. But you are both perfect, the most beautiful girls under heaven!"

Li replied, "Oh, you are just saying that to make me feel better. She is probably more beautiful than the Moon Goddess!" Then she looked at me. "Sang, I have come to you every day for ten days. That means your singsong girl will return tomorrow. I must know if she is more beautiful than me. I will hide when she is here. Do not say anything to her about me!"

The next evening, Lianxiang returned. She kissed me and invited me to join her in the bed. But when I removed my clothes, she saw that I was even thinner than the last time she'd seen me. She cried, "Look at you! You are as thin as a sheet of paper! You must have been sleeping with someone else."

"Why do you say that?"

"I can tell from the light around your body. And your pulse is very confused. I think you are under the spell of a ghost!"

I woke up the next morning and Lianxiang was gone. I spent the day studying, and that night Li came to visit. I asked her, "What do you think of Lianxiang?"

"Oh, she is very beautiful. She is more beautiful than any woman under heaven. And that worried me. So I followed her today. When she left here, she went into a fox hole in the mountains to the south of here. I'm afraid that your girlfriend is a fox spirit." I did not want to believe her.

The following night when Lianxiang returned, I said to her, "I heard someone say that you are so beautiful that you must be a fox spirit! Of course, I do not believe that."

"Who said that?"

"Oh, nobody. I was just teasing you."

"Well, what if it was true? What's wrong with being a fox spirit?"

"I have heard that fox spirits are very dangerous. They eat the life force of men. They can make a man sick and tired, they can even make him die. That is why men are so afraid of fox spirits."

"No, it's not like that at all! You are a strong young man. You can make love with a woman or a fox spirit, but then you must rest for two or three days before you try again. If you do that, you will remain strong and healthy. But if you make love every night, your body loses its life force and you can die. This will happen if your lover is a woman or a fox spirit or even a ghost. That's why I think you have been making love every night to someone else!"

I tried to say no, but of course I could not say no to Lianxiang. So I told her about my new lover, Li. I also told her that Li watched us the previous night.

"I knew it!" she cried. "That's why you are so thin. You have been sleeping with that girl every night, and she is taking all of your life force. I think perhaps she is not really a girl at all. I must find out more about this Li. Tomorrow night I will hide, and watch her."

The next evening, I picked up the slipper and thought of Li. Right away Li came. We kissed, but then Li heard a sound from outside the window. Li flew away. Lianxiang ran into the house. "My dear, you are in great danger! That is not a girl, that is a ghost. If you keep seeing her, you will certainly die, and soon!"

"That's not true," I replied. "I think you just want me to stop seeing her."

"No, you must break up with her. You will die if you continue to see this ghost girl. And I cannot just watch you die. Tomorrow I will bring you some herbs. Right now your body is not damaged too much, so the herbs will help you. I will stay with you for ten days and take care of you, until you are healthy again. But you must stay away from the ghost girl. I will see you tomorrow night."

Lianxiang returned the next night. She used the herbs to prepare some tea and gave me a cup to drink. I drank it.

Immediately I had to run to the bathroom and stay there for a long time. Finally I returned and said, "Thank you my dear, I am feeling much better!" But even after that, I did not believe that Li was really a ghost.

Lianxiang stayed with me for ten days and nights. Three times every day she gave me herb tea, and every day I could feel my body becoming stronger. I wanted to make love to Lianxiang, but she refused me every time. "You need to build up your strength," she said.

After ten days, I was feeling much better. Lianxiang said to me, "I must leave now. But remember, it is very important that you break up with your ghost girlfriend. If you don't, you will die."

"I will break up with her, don't worry," I replied. When I said it, I really believed that I would break up with Li. But as soon as Lianxiang was gone, I was filled with hunger for Li. So I picked up the little slipper and thought of her, and immediately Li was standing in front of me.

"You have not called me for ten days," she said angrily. "Were you too busy with your fox girlfriend?"

"I was not feeling well," I replied. "She was just staying here to take care of me. Please don't be angry." I held her close, and then led her to the bed. "I love you very much," I told her, "but someone has told me that you are a ghost."

She jumped away from me. "Who is saying that? Is it your fox girlfriend? You can't believe what that slut says about me. I won't listen to this any more. Break up with that fox, or I will go away and never see you again!"

She started to cry. I held her for a long time and said words of love to her. Finally she stopped crying. She got into bed with me and we made love slowly and gently. She left in the morning.

The following evening, though, Lianxiang returned. She looked at me and right away she knew that I had been with Li. "You are a fool! Do you want to die?" she asked me angrily. "Two weeks ago you were almost dead because you were sleeping with that ghost girl. I gave you back your good health. And now you are throwing it away!"

I replied, "The ghost girl told me that you are a fox spirit. She said that you are making me sick, not her. She said that I am under a magic spell."

"Yes, you are under a spell, but it is the ghost girl who is putting you under a spell. And you are also blind. You cannot see what this ghost girl is doing to you. Now I see that you are in serious trouble. No matter what I say to you, you will not believe me. Very well. I am going away for one hundred days. If you keep seeing that girl she will make you very sick. You might die before I return." Then

Lianxiang left the house, and I did not see her for one hundred days.

While Lianxiang was gone I spent every night with Li, and sometimes she stayed with me during the day also. I was in love with Li, and I was very happy. But after a couple of month of seeing Li every day, I began to feel very tired. After three months I was too weak to get out of bed, and I could not even drink a cup of soup. I thought that I should go back to my native village and find some relatives to take care of me. But I did not leave, because I could not live without Li.

I said to Li, "I am a fool. I should have listened to Lianxiang. Look at how weak and sick I am!" I was too weak to keep my eyes open. I closed my eyes and fell asleep. When I woke up, Li was gone. I waited for her for several days but she did not return. Now I understood that my love affair with Li was going to kill me. But I was not ready to die yet. I wanted to see Lianxiang before I died.

The next day Lianxiang returned. She walked to my bed, looked down at me, and said softly, "Oh, my poor fool. Didn't I tell you that this would happen?"

I began to cry. I said, "Oh, Lianxiang, you were right. I have been such a fool. I could not stop seeing Li, and now I am tired, I am sick, and I think I am going to die."

She replied, "I must tell you, your sickness is very bad. It has entered deep into your body. I do not know how to make you healthy again. So I will just say goodbye to you." She prepared to leave.

I held up my hand. "Wait. Please do something for me first. Under my pillow is a small slipper. It is Li's slipper. I have used it often, to call her whenever I want to see her. I want you to burn it."

Lianxiang looked under my pillow and found the slipper. She picked it up and looked at it closely. She must have also been thinking about Li, because just then, Li appeared. She saw Lianxiang, and turned to run away. But Lianxiang quickly ran to the door and blocked it with her body. She looked at Li and said, "So, my little ghost, now we meet face to face! You said that I caused Sang's illness, but of course you caused it not me. Look at him, he is nearly dead! What do you have to say now?"

Li looked down at the ground, covered her face with her hands, and began to cry.

"You did this. You used love as a weapon to hurt this good man. How could you do such a thing?"

Li cried some more. Then she said to Lianxiang, "Let me tell you my story. I grew up in a powerful and wealthy family. When I was a young girl this man Sang came to our house to meet with my father. Even though I was young I fell in love with him. I don't even know if he saw me. He certainly did not remember me afterwards. A short time later I became sick and died, still a young girl. I had not yet begun to live my life, and I had not been able to love this man. But even after I died I continued to hold him in my heart and love him."

Lianxiang said, "So that's why you came here? You wanted to make this man your lover, and then kill him so the two of you could be together in the underworld? Do you call that love?"

"No, I did not want that. If two ghosts are together, there is no pleasure in it for either of them. If that's all that I wanted, there are many dead young men in the underworld. It would have been easy for me to just choose one of them."

"Well, maybe you did not try to kill him. But you made love to him every night, that can kill a man even if his lover is an ordinary human girl. How much worse if the lover is a ghost."

"Fox spirits also kill men. What makes you different from me?"

"I am not that kind of fox. You are talking about fox spirits that use lovemaking to drink the life force of men. By making the man weak, they make themselves strong. I am not like that. I am a harmless fox. But there is no such thing as a harmless ghost!"

During this conversation I lay in my bed listening to them. I was very weak, close to death. And now I finally understood that one of my lovers was a fox spirit and the other was a ghost. I remembered that many months ago (it seemed like a lifetime ago), my friend Yifan had warned me about fox spirits and ghosts. At the time I thought he was telling me children's stories and I did not believe him. But now I knew that he was correct. I had two girlfriends, and neither of them was human. It would have been funny, but I was far too sick to laugh. In fact, as the conversation went on I became weaker and weaker. I could feel the life force leaving my body. I cried out in pain.

Lianxiang and Li stopped talking, and both looked down at me. Lianxiang said to Li, "Well, our young man is extremely sick. What are we going to do with him?"

Li replied, "Do whatever is needed to help him regain his health. Find him a good doctor. Give him some herbs. Help him any way that you can. I am sorry that I caused this problem. I will go away and never come back again."

"No, you cannot leave. I have some herbs that I gathered in the Fairy Hills outside of the village. They are very rare, it took me three months to collect them. These herbs can help him. But they must be given to him by the person who caused the illness. That is you. So you must help me do this."

"Of course. What should I do?"

"I will put the medicine in his mouth. Then you must put your mouth on his, and put some of your saliva into his mouth."

Li's face turned red. She looked away from Lianxiang. She looked down at her slippers.

"Oh, come on," said Lianxing. "This is not a big thing. You have done this with him many times before. This will be nothing new for you!" Then she reached into her bag and picked up a large pill. She carefully placed it in my mouth. Then she looked at Li. Li bent down and kissed me on the mouth, and put some of her saliva in my mouth.

"Again!" said Lianxiang. Li did it again and again, three or four more times, each time putting more saliva into my mouth. Finally there was enough saliva, and I was able to swallow the large pill. A minute later my belly began to make sounds like thunder. Lianxiang put her own lips onto mine, and she pushed her life force into my body. My body felt like it was on fire, and I felt my own life force become stronger.

"The medicine is working!" said Lianxiang. Just then the first rays of the morning sun entered my window, and Li left.

Lianxiang stayed and took care of me. I was too weak to go out for meals at Yifan's house, so Lianxiang cooked for me every day. Li started coming in the evenings and helped Lianxiang. This lasted for three months. As they worked together Lianxiang started to feel affection for young Li, and Li started to see Lianxiang as an older sister.

Then a week went by with no visits from Li. Finally she came one evening, but she looked very tired and thin. Lianxiang said to her, "My dear younger sister, come and join us in the bed." Li shook her head and started walking slowly to the door. I walked over to her, picked her up, and carried her to the bed. She was so light that she felt like a small bundle of straw. I placed her gently on the bed. She just closed her eyes and went to sleep.

In the morning Li was gone. Lianxiang and I waited for her to return, but did not return. For many days I picked up the slipper and thought of Li, but she did not appear. I did not know what happened to her, but I knew that she was not in this world anymore.

"She was wonderful," said Lianxiang. "I have begun to think of her as my dear little sister. I understand why you fell in love with her."

***

A few weeks later my friend Yifan came to my house to have some tea with Lianxiang and me. He said, "I just heard a very strange story that I think you will find interesting. There is a family in this village named Zhang. Mr. Zhang is a businessman and is quite wealthy. They have one child, a fifteen year old girl named Swallow. Recently the girl became very sick, and one night it looked like she died. But the next morning the girl sat up, got out of bed, and was completely healthy! She said to her parents, 'I am the daughter of the prefect of this district. I am in love with a young man named Sang. I left my slipper in his house. He is always in my heart and I must see him again. You cannot stop me because I am a ghost.'

"Her parents did not know what to think of this. They said to her, 'If you are a ghost, how did you come to live in our house?' Swallow could not answer this. Then the parents said, 'We know this young man named Sang. He was ill and left our village several months ago to return to his native village.' But Swallow said, 'No, he is still living here!'"

When I heard this, I wanted to go to the Zhang house immediately and see this girl. But I was poor and her family was very rich, so I saw no way to visit her. Also, I could not just walk up to their door and say, "Hello, I am your daughter's lover from her previous life."

The next day, I heard a knock on my door. I opened the door to find a servant girl standing there. She said to me, "Mr. Zhang's daughter said that she left a slipper at your house. This cannot be true, of course, because she was never here. However, Mr. Zhang asked me to come and ask you anyway."

I picked up Li's slipper and gave it to the servant girl. "This is the slipper that Mr. Zhang's daughter spoke of. Please give it to her."

I did not hear anything else about this for several weeks. But then Yifan came to visit and he told us the rest of the story. He said, "The servant girl is a friend of mine, and she told me what happened. The servant girl returned back to the Zhang house and showed the slipper to Swallow and her parents. Swallow cried with happiness when she saw the slipper. But then she tried to put it on her foot. The slipper was too small for her foot. She looked in the mirror and saw that she was not Li anymore, she had returned to life as a completely different girl. She cried and said, 'Oh, I was so much more beautiful when I was a ghost!'

"After that the girl stayed in bed for a week. She did not eat or drink. But intead of getting thin, her body began to swell. Then the swelling went down. She became very hungry and she began to eat and drink again. Finally she got up out of bed. Her old skin fell off her body. Looking in the mirror, she saw that she looked like the beautiful Li again. And the slipper fit perfectly on her foot."

Lianxiang said, "This is wonderful. Our dear Li has returned! Sang, you must send a matchmaker to the Zhangs."

I replied, "I cannot do that. The Zhang family is very wealthy, and far above me. Let's wait and see."

A few weeks later, it was Mrs. Zhang's 60th birthday. I knew that this was the opportunity I was waiting for. I went to the Zhang house with a small gift for Mrs. Zhang. The servant girl invited me inside, along with several other guests. While I was chatting with Mr. and Mrs. Zhang, Swallow saw me. She ran into the room and jumped into my arms. "Oh my dear Sang," she said to me, "take me home with you!"

"My daughter, you cannot say these thing!" said her mother. "Go to your room now!"

I was so happy to see my dear lover, I sank to my knees and cried. Mrs. Zhang helped me get up off the floor. I left the house, and asked the girl's uncle to act as a go-between. He discussed the matter with Mr. and Mrs. Zhang. After much discussion they finally agreed to let

Swallow marry me. Swallow and I were both overjoyed, and a day was selected for the wedding.

There was just one problem, my other lover. The law said that if a man's wife did not bear him a son, he was permitted to have a second wife. But I knew it would not be easy to get Lianxiang to agree to this. I went home and told Lianxiang about my planned wedding. She said, "My dear, I am happy for you. But I cannot stay. I must go."

"Please wait," I said. "I have an idea. You and I will return to my native village as husband and wife. You will be my first wife. You will stay there, and I will come back here and marry Swallow. She will be my second wife. Then later, you can come back." Lianxiang agreed to this.

Then I had to talk with Mr. and Mrs. Zhang. I told them that I was already married to a woman in my native village, but we did not have a son yet. I would take Swallow as my second wife. I said I would love her and care for her. They were not happy to hear that I was already married, but they also understood that their daughter really wanted to be my wife. So they agreed.

After the wedding I brought Swallow back to my house. When we opened the door we found that the house was filled with dozens of brightly burning red lanterns. And there was Lianxiang, standing in the house waiting for us. She and Swallow embraced, and they resumed their good friendship of earlier days. Lianxiang asked her what happened to her.

Swallow said, "On the day that I left you, I walked for hours through the village. Everywhere I saw happy people, and it made me very sad. I did not want to return to my grave. I wanted to live! As I walked through the village, I came to the Zhang house, and I saw that the young girl had just died. I don't know what happened, but somehow I entered her body and I became her."

Then Swallow and I went into the bedroom. I gave a wedding cup to her, and she gave one to me. I filled both cups with wine. We bowed to each other four times. The first time was to heaven and earth, the second was to our grandparents, the third was to our parents, and the fourth was to each other. We drank the wine. And then we invited Liaoxiang to come in, and the three of us went to bed and made love.

The three of us lived happily for many months. Lianxiang bore me a baby boy, and this made us even more happy. But then Lianxiang became sick. She could not leave her bed. I brought doctors but she sent them all away. Just before she died, she took Swallow's hand and told her, "Please don't cry, my dear younger sister. You will find your happiness in life, and I will find my happiness in death. Please take care of my child. If heaven allows it, I will see you in ten years."

She closed her eyes and died. When we removed the blankets we found a dead nine-tailed fox in the bed. We buried the fox in the mountains, near the fox hole where she had lived.

We named the boy Hu'er (Foxy). Swallow took care of the boy as if he was her own child. And every year, at the time of the Qing Ming Festival, we all went to Lianxiang's grave in the mountains and cried for her.

The years passed. Swallow did not bear any children. Hu'er grew up to be an intelligent but frail young man. Swallow loved him but she was worried about his health, and she told me many times that I should take another wife so that I could have another son. But I did not want another wife.

One day there was a knock on the door. I opened it. An old woman was standing there, holding the hand of a fourteen year old girl. Swallow saw the girl and cried, "It is Lianxiang, returned from the land of the dead!" The old woman said that her family was very poor, and she needed to sell the girl to have enough money for the rest of the family to live. I was happy to give her more money than she asked for.

After the old woman went away, Swallow brought the young girl into the house. She smiled at the girl and asked, "Don't you recognize me?"

"No, I don't," the girl replied.

"Tell me about yourself."

"My family name is Wei. My father died three years ago. He was a soymilk seller in Xu City. He has been dead for three years."

Swallow looked into her eyes. "Listen to me. You are my sister Lianxiang! Ten years ago you said that we would meet again. You left us, and now you have returned. You are Lianxiang!"

The girl closed her eyes, then slowly opened them. She seemed to awaken from a dream. "Yes, I remember now! You are my sister Li. I was older than you, but now it looks like I am the younger sister!"

They were overjoyed to be together again. First Li had been reborn as Swallow, and then Lianxiang had been reborn as Wei. But we all remembered our past, and we all loved each other.

The next year, during the Qing Ming Festival, the whole family went to the mountains to visit Lianxiang's grave. Wei looked thoughtfully at the grave where her previous body was buried. Swallow said to me, "My sister and I have been together for a long time, I do not want to be apart from her even in death. Please move the bones of my earlier life to be next to hers."

So I went to the Li family grave. I dug up the bones of the girl who died so long ago and came back to walk the earth as the ghost girl Li. I carried the bones to the mountains and put them in the ground next to the bones of Lianxiang, who had died as a fox and later was reborn as Wei, the daughter of the soymilk seller.

Every year for the rest of my life, I went to the mountains to visit the graves of my two dear lovers, the fox spirit and the ghost. And many years later, when I died, my two dear lovers buried me next to them.

Proper Nouns

These are all the Chinese proper nouns used in this book.

Chinese	Pinyin	English
道德经	Dào Dé Jīng	Dao De Jing, a book by Laozi
狐儿	Hú'er	Foxy, son of Sang and Lianxiang
孔子	Kǒngzǐ	Confucius, a Chinese sage
老子	Lǎozǐ	Laozi (or Lao Tzu), a Chinese sage
李	Lǐ	Sang's second lover
莲香	Liánxiāng	Lotus Fragrance, Sang's first lover
孟子	Mèngzǐ	Mencius, a Chinese sage
清朝	Qīngcháo	Qing Dynasty
清明	Qīngmíng	Qing Ming, the grave sweeping festival
桑	Sāng	Sang, a scholarly young man
韦	Wéi	Wei, Lianxiang returned to life
仙女山	Xiānnǚ shān	Fairy Hills
燕	Yàn	Swallow, Li returned to life
沂州	Yízhōu	Yizhou, the village where the story takes place
一凡	Yīfán	Yifan, Sang's neighbor and friend
张太太	Zhāng tàitai	Mrs. Zhang, Wei's mother
张先生	Zhāng xiānsheng	Mr. Zhang, Wei's father
中国	Zhōngguó	China

Glossary

These are all the Chinese words used in this book, other than proper nouns.

Chinese	Pinyin	English
啊	a	ah, oh, what
爱	ài	love
爱上	ài shàng	to fall in love
爱情	àiqíng	love
安静	ānjìng	quietly
安全	ānquán	safety
按照法律	ànzhào fǎlǜ	in accordance with the law
吧	ba	(indicates assumption or suggestion)
把	bǎ	to put
百	bǎi	hundred
白天	báitiān	day, daytime
搬	bān	to move
办法	bànfǎ	method
帮(助)	bāng (zhù)	to help
包	bāo	to wrap, bag
抱(住)	bào (zhù)	to hold, to carry
把手	bǎshǒu	handle
杯(子)	bēi (zi)	cup
被子	bèizi	quilt
笨	bèn	stupid, a fool
本(来)	běn (lái)	originally
比	bǐ	compared to, than
闭(上)	bì (shàng)	to shut, to close up
变	biàn	to change
边	biān	side

变成	biànchéng	to become
别	bié	do not
别的	bié de	other
病	bìng	disease
冰	bīng	ice
并且	bìngqiě	and
必须	bìxū	must
鼻子	bízi	nose
不	bù	no, not, do not
不和	bù hé	discord
不声不响	bù shēng bù xiǎng	silently
不舒服	bú shūfú	uncomfortable
不停地	bù tíng de	constantly
不再	bù zài	no longer
不正常	bù zhèngcháng	unusual
不得不	bùdé bù	have to
不管	bùguǎn	regardless of
不久	bùjiǔ	not long ago, soon
不了	bùliǎo	no more
不同	bùtóng	different
不想	bùxiǎng	in no mood
草	cǎo	grass, straw
茶	chá	tea
城(市)	chéng (shì)	city
成(为)	chéng (wéi)	to become
吃	chī	eat
穿(着)	chuān (zhuó)	to wear
床	chuáng	bed
窗(户)	chuāng (hù)	window
除了	chúle	except, besides
出生	chūshēng	born

出现	chūxiàn	to appear
次	cì	next in a sequence
从	cóng	from
从来没有	cóng lái méiyǒu	there has never been
聪明	cōngmíng	clever
从前	cóngqián	before
村(庄)	cūn (zhuāng)	village
错	cuò	wrong
大	dà	big
打	dǎ	to hit, to play
大概	dàgài	probably
带(子)	dài (zi)	band, belt, ribbon
打开	dǎkāi	open
但(是)	dàn (shì)	but
当	dāng	when
荡妇	dàng fù	slut
当成	dàngchéng	treat as
当然	dāngrán	certainly
当中	dāngzhōng	among
担心	dānxīn	to worry
道	dào	path, way, Dao, to say
到	dào	to arrive, towards
打扰	dǎrǎo	to disturb
大小	dàxiǎo	size
地	de	(adverbial particle)
的	de	of
得	dé	(particle showing degree or possibility)
的话	dehuà	if
等	děng	to wait
灯	dēng	lamp
灯(光)	dēng (guāng)	light

地	dì	land, ground, earth
第	dì	(prefix before a number)
点	diǎn	point, hour
地方	dìfāng	place
地区	dìqū	district
地上	dìshàng	on the ground
低头	dītóu	head bowed
低下	dīxià	low
地狱	dìyù	hell, underworld
洞	dòng	cave, hole
东西	dōngxī	thing
都	dōu	all
豆浆	dòujiāng	soy milk
读	dú	to read
堵住	dǔ zhù	to block, to obstruct
段	duàn	(measure word for sections)
对	duì	correct, towards someone
对不起	duìbùqǐ	I am sorry
对话	duìhuà	conversation
对于	duìyú	for
躲	duǒ	to hide
多	duō	many
读书人	dúshūrén	student
肚子	dùzi	belly
饿	è	hungry
而且	érqiě	and
儿子	érzi	son
发(出)	fā (chū)	to send out
发抖	fādǒu	to tremble or shiver
放	fàng	to put, to let out
房(子)	fang (zi)	house
房间	fángjiān	room

放下	fàngxià	to lay down
发生	fāshēng	to occur
发现	fāxiàn	to find out
飞	fēi	to fly
非常	fēicháng	very much
分开	fēnkāi	separate
坟墓	fénmù	grave
分钟	fēnzhōng	minute
附近	fùjìn	nearby
父亲	fùqīn	father
感(到)	gǎn (dào)	to feel
刚(才)	gāng (cái)	just, just a moment ago
感觉	gǎnjué	to feel
感情	gǎnqíng	emotion
高	gāo	tall, high
告诉	gàosù	to tell
高兴	gāoxìng	happy
个	gè	(measure word, generic)
歌	gē	song
歌妓	gējì	singsong girl
给	gěi	to give
跟	gēn	and
更	gèng	watch (2-hour period)
宫(殿)	gong (diàn)	palace
工作	gōngzuò	work, job
光	guāng	light
关系	guānxì	relationship
关于	guānyú	about
跪	guì	to kneel
鬼	guǐ	ghost
过	guò	(after verb to indicate past tense)

过	guò	to pass, (after verb to indicate past tense)
故事	gùshì	story
骨头	gǔtou	bone
还	hái	still, also
还有	hái yǒu	and also
害怕	hàipà	fear
还是	háishì	still
孩子	háizi	child
好	hǎo	good
和	hé	with
喝	hē	drink
黑色	hēi (sè)	black
很	hěn	very
后	hòu	after, back, behind
后来	hòulái	later
狐(狸)	hú (lí)	fox
话	huà	word, speak
花	huā	flower
怀	huái	chest
回	huí	to return
会	huì	will, to be able to
回答	huídá	to reply
狐狸精	húlíjīng	vixen, a fox spirit
婚礼	hūnlǐ	wedding
活	huó	to live
或(者)	huò (zhě)	or
活着	huózhe	alive
互相	hùxiāng	each other
寄	jì	to send
几	jǐ	several
记(住)	jì (zhù)	to remember

家	jiā	family
件	jiàn	(measure word for clothing, matters)
间	jiān	between
见(面)	jiàn (miàn)	to see, to meet
讲	jiǎng	to speak
健康	jiànkāng	healthy
减轻	jiǎnqīng	alleviate, reduce
叫	jiào	to call, to yell
脚	jiǎo	foot
接下来	jiē xiàlái	next
结婚	jiéhūn	to marry
姐姐	jiějiě	elder sister
结束	jiéshù	end, finish
接着	jiēzhe	and then
几乎	jīhū	almost
计划	jìhuà	plan
机会	jīhuì	opportunity
进	jìn	to enter
金(色)	jīn (sè)	golden
精	jīng	spirit
镜(子)	jìng (zi)	mirror
经常	jīngcháng	often
经过	jīngguò	go through
尽管	jǐnguǎn	after, through
今天	jīntiān	today
即使	jíshǐ	even though
就	jiù	just, right now
旧	jiù	old
久	jiǔ	long
九	jiǔ	nine
酒	jiǔ	wine, liquor

继续	jìxù	to carry on
句	jù	(measure word for word, sentence)
决定	juédìng	to decide
鞠躬	jūgōng	to bow down
拒绝	jùjué	to refuse
开	kāi	to open
开始	kāishǐ	to begin
开心	kāixīn	happy
看	kàn	to look
看见	kàn jiàn	to see
看上去	kàn shàngqù	it looks like
颗	kē	(measure word for small objects)
可怜	kělián	pathetic
肯定	kěndìng	affim
可能	kěnéng	maybe
客人	kèrén	guest
可以	kěyǐ	can
恐怕	kǒngpà	to be afraid
口	kǒu	mouth
口水	kǒushuǐ	saliva
哭	kū	to cry
快	kuài	fast
快乐	kuàilè	happy
捆	kǔn	bundle, to tie up
困难	kùnnán	difficulty
来	lái	to come
来生	láishēng	afterlife
老	lǎo	old
老年	lǎonián	elderly
了	le	(indicates completion)
累	lèi	tired

雷（声）	léi (shēng)	thunder
冷	lěng	cold
离	lí	from
里	lǐ	Chinese mile
李	lǐ	plum
里（面）	li (miàn)	inside
俩	liǎ	both
恋	liàn	love
脸	liǎn	face
莲（花）	lián (huā)	lotus
亮	liàng	bright
两	liǎng	two
恋情	liànqíng	romance
了解	liǎojiě	to understand
聊天	liáotiān	chat
厉害	lìhài	amazing, powerful
离开	líkāi	to leave
另	lìng	other, another
灵魂	línghún	soul
另外	lìngwài	in addition
邻居	línjū	neighbor
留（下）	liú (xià)	to keep, to leave behind, to stay
礼物	lǐwù	gift
笼子	lóngzi	cage
缕	lǚ	thread
乱	luàn	chaos
吗	ma	(indicates a question)
麻烦	máfan	trouble
埋	mái	to bury
脉	mài	pulse
卖	mài	to sell
慢	màn	slow

满	mǎn	to buy
忙	máng	busy
满心	mǎnxīn	full of heart
马上	mǎshàng	right away
没	méi	no, not have
每	měi	every
办法	bànfǎ	method
每当	měi dāng	whenever
美丽	měilì	beauty
妹妹	mèimei	younger sister
媒人	méirén	matchmaker
没事	méishì	nothing, no problem
没有	méiyǒu	no, not have
们	men	(indicates plural)
门	mén	door
梦	mèng	dream
门口	ménkǒu	doorway
面	miàn	side, surface, noodles, face
面对面	miànduìmiàn	face to face
面前	miànqián	in front
灭	miè	to extinguish
秘密	mìmì	secret
明白	míngbái	clear
明天	míngtiān	tomorrow
魔(法)	mó (fǎ)	magic
魔咒	mó zhòu	curse
母亲	mǔqīn	mother
拿	ná	to take
那	nà	that
拿起(来)	ná qǐ (lái)	to pick up
奶奶	nǎinai	grandmother
那里	nàlǐ	there

哪里	nǎlǐ	where
那么	nàme	so
难	nán	difficult
男	nán	male
南	nán	south
难过	nánguò	to be sad or sorry
男孩	nánhái	boy
那样	nàyàng	like that
呢	ne	(indicates question)
内	nèi	inside
能	néng	can
能够	nénggòu	were able
你	nǐ	you
你好	nǐ hǎo	hello
年	nián	year
年轻	niánqīng	young
鸟	niǎo	bird
女	nǚ	female
女朋友	nǚ péngyǒu	girlfriend
暖	nuǎn	warm
女儿	nǚ'ér	daughter
女孩	nǚhái	girl
女仆	nǚpū	maid
女神	nǚshén	goddess
哦	ó, ò	oh?, oh!
怕	pà	afraid
旁(边)	páng (biān)	beside
跑	pǎo	to run
朋友	péngyǒu	friend
皮	pí	leather, skin
飘	piāo	to float
漂亮	piàoliang	beautiful

仆人	púrén	servant
气	qì	gas, air, breath
起	qǐ	from, up
前	qián	in front, before
钱	qián	money
千	qiān	thousand
强(大)	qiáng (dà)	strong, powerful
前天	qiántiān	the day before yesterday
敲	qiāo	to knock
起床	qǐchuáng	to get out of bed
奇怪	qíguài	strange
起来	qǐlái	(after verb, indicates start of an action)
亲爱的	qīn'ài de	dear
请	qǐng	please
轻	qīng	light
轻声	qīng shēng	speak softly
情况	qíngkuàng	situation
轻柔	qīngróu	gentle
亲戚	qīnqī	relative
穷	qióng	poor (no money)
其他	qítā	other
妻子	qīzi	wife
去	qù	to go
取	qǔ	to take
区长	qū zhǎng	mayor
全部	quánbù	all, entire
全家	quánjiā	whole family
取出	qǔchū	take out
却	què	but
然而	rán'ér	however
让	ràng	to let, to cause

然后	ránhòu	then
人	rén	person, people
扔掉	rēng diào	to throw away
仍然	réngrán	still
任何	rènhé	any
认识	rènshí	to understand
认为	rènwéi	to believe
认真	rènzhēn	serious
日(子)	rì (zi)	day, days of life
容易	róngyì	easy
入	rù	to enter
如果	rúguǒ	if, in case
三	sān	three
三角	sānjiǎo	triangle
杀	shā	to kill
山	shān	mountain
上	shàng	on, up
伤(害)	shāng (hài)	hurt
上次	shàng cì	last time
上床	shàngchuáng	go to bed
上天	shàngtiān	god, heaven
伤心	shāngxīn	sad
烧	shāo	burn
谁	shuí	who
身(体)	shēn (tǐ)	body
身边	shēnbiān	around
生	shēng	to give birth
声(音)	shēng (yīn)	sound
生病	shēngbìng	sick
生出	shēngchū	to give birth
生活	shēnghuó	life
生命	shēngmìng	life

生气	shēngqì	angry
生日	shēngrì	birthday
生意	shēngyì	business
什么	shénme	what
深入	shēnrù	to penetrate
甚至	shènzhì	even
十	shí	ten
是	shì	is, yes
试	shì	to taste, to try
时（候）	shí (hòu)	time, moment, period
事（情）	shì (qing)	thing
时间	shíjiān	time
世界	shìjiè	world
实在	shízài	really
瘦	shòu	thin
手	shǒu	hand
收	shōu	to receive
受到	shòudào	to suffer
首先	shǒuxiān	first
瘦小	shòuxiǎo	skinny
书	shū	book
双	shuāng	a pair
睡（觉）	shuì (jiào)	to sleep
说（话）	shuō (huà)	to say
说不出	shuō bu chū	can't tell
叔叔	shūshu	uncle
死	sǐ	to die
丝	sī	silk
送（给）	sòng (gěi)	to give a gift
岁	suì	years of age
虽然	suīrán	although
随着	suízhe	along with

所以	suǒyǐ	so
所有	suǒyǒu	all
他	tā	he, him
它	tā	it
她	tā	she, her
太	tài	too
抬(起)	tái (qǐ)	to lift up
太太	tàitài	wife
太阳	tàiyáng	sunlight
谈	tán	to talk
躺	tǎng	lie down
汤	tāng	soup
讨论	tǎolùn	discuss
天	tiān	day, sky
天上	tiānshàng	heaven
天书	tiānshū	holy book
跳	tiào	to jump
听	tīng	to listen
停(止)	tíng (zhǐ)	stop
听说	tīng shuō	it is said that
提醒	tíxǐng	to remind
同意	tóngyì	to agree
头	tóu	head
头发	tóufǎ	hair
推送	tuīsòng	to push
吞	tūn	to swallow
脱(下)	tuō (xià)	to take off (clothes)
挖	wā	to dig
外	wài	outer
完	wán	to finish
晚	wǎn	night
晚饭	wǎnfàn	dinner

忘(记)	wàng (jì)	to forget
完全	wánquán	completely
晚上	wǎnshàng	night
位	wèi	(measure word for people, polite)
为	wèi	for
尾(巴)	wěi (bā)	tail
为了	wèile	in order to
为什么	wèishénme	why
危险	wéixiǎn	danger
问	wèn	to ask
吻	wěn	kiss
问好	wènhǎo	say hello
问题	wèntí	problem, question
握	wò	grip
我	wǒ	I, me
握住	wò zhù	to grip
武器	wǔqì	weapon
西	xī	west
下	xià	down, under
瞎	xiā	blind
先	xiān	first
像	xiàng	like, to resemble
向	xiàng	towards
想	xiǎng	to want, to miss, to think of
香	xiāng	fragrant, incense
相	xiāng	mutually
想要	xiǎng yào	would like to
相信	xiāngxìn	to believe, to trust
仙女	xiānnǚ	fairy, female immortal
先生	xiānshēng	sir, gentleman
现在	xiànzài	now
笑	xiào	to laugh

小	xiǎo	small
小姑	xiǎo gū	sister-in-law
小声	xiǎoshēng	whisper
小时	xiǎoshí	hour
消息	xiāoxī	news
小心	xiǎoxīn	careful
夏天	xiàtiān	summer
写	xiě	to write
些	xiē	some
谢谢	xièxiè	thanks
喜欢	xǐhuān	to like
信	xìn	letter
心	xīn	heart/mind
新	xīn	new
姓	xìng	surname
醒（来）	xǐng (lái)	to wake up
幸福	xìngfú	happiness
星期	xīngqí	week
洗手间	xǐshǒujiān	toilet
休息	xiūxí	to rest
希望	xīwàng	to hope
吸引	xīyǐn	to absorb
虚	xū	empty
选（择）	xuǎn (zé)	to select, to choose
许多	xǔduō	many
学（习）	xué (xí)	to learn
虚弱	xūruò	weak
需要	xūyào	to need
眼（睛）	yǎn (jīng)	eye
阳光	yángguāng	sunlight
摇	yáo	to shake or twist
药	yào	medicine

要	yào	to want
要害	yào hài	vital
邀请	yāoqǐng	to invite
也	yě	also, too
也许	yěxǔ	maybe
爷爷	yéyé	grandfather
一	yī	one
衣(服)	yī (fu)	clothes
一定	yī dìng	must
一点	yīdiǎn	a little
一个人	yīgè rén	alone
以后	yǐhòu	after
一会儿	yīhuǐ'er	a while
已经	yǐjīng	already
因此	yīncǐ	therefore
应该	yīnggāi	should
影响	yǐngxiǎng	influence
引起	yǐnqǐ	cause
因为	yīnwèi	because
一起	yīqǐ	together
以前	yǐqián	before
一切	yīqiè	everything
医生	yīshēng	doctor
意思	yìsi	meaning
以为	yǐwéi	to think, to believe
一样	yīyàng	same
一再	yīzài	repeatedly
一直	yīzhí	always
用	yòng	to use
永远	yǒngyuǎn	forever
由	yóu	depend on
油	yóu	oil

又	yòu	again
有	yǒu	to have
有的时候	yǒu de shíhòu	sometimes
有够	yǒu gòu	enough
有关	yǒu guān	related
有点	yǒudiǎn	a little bit
友好	yǒuhǎo	friendly
有了	yǒule	with
有趣	yǒuqù	interesting
有人	yǒurén	someone
有时	yǒushí	sometimes
优秀	yōuxiù	excellent
于	yú	at
狱	yù	prison
与	yǔ	and
遇(到)	yù (dào)	encounter, meet
远	yuǎn	far
远离	yuǎnlí	keep away
原因	yuányīn	reason
月	yuè	month, moon
越	yuè	more
月(亮)	yuè (liang)	moon
允许	yǔnxǔ	allow
于是	yúshì	then
再	zài	again
在	zài	in, at
再也	zài yě	again
再见	zàijiàn	goodbye
再生	zàishēng	to be reborn
早饭	zǎofàn	breakfast
早上	zǎoshàng	morning
怎么	zěnme	how

怎么办	zěnme bàn	how to do
怎么了	zěnmele	what's wrong
站	zhàn	to stand
长	cháng	long
长	zhǎng	to grow
张	zhāng	(measure word for pages, flat objects)
长大	zhǎng dà	grow up
张开	zhāng kāi	open
丈夫	zhàngfū	husband
找	zhǎo	to search for
找到	zhǎodào	found
照顾	zhàogù	to take care of
着火	zháohuǒ	on fire
着	zhe	(indicates action in progress)
这	zhè	this
这里	zhèlǐ	here
这么	zhème	so
真	zhēn	true, real
正(在)	zhèng (zài)	(-ing)
正常	zhèngcháng	normal
正好	zhènghǎo	just right
枕头	zhěntou	pillow
这样	zhèyàng	such
只	zhǐ	only
纸	zhǐ	paper
只	zhī	(measure word for animals)
之上	zhī shàng	above
知道	zhīdào	to know
直接	zhíjiē	direct
只是	zhǐshì	only
只要	zhǐyào	as long as

钟	zhōng	bell
中	zhōng	in, middle
重要	zhòngyào	important
终于	zhōngyú	finally
肿胀	zhǒngzhàng	swelling
咒	zhòu	curse
周围	zhōuwéi	around
住	zhù	to live, to hold
准备	zhǔnbèi	prepare
着地	zhuódì	land
主意	zhǔyì	idea
自己	zìjǐ	oneself
仔细	zǐxì	careful
总是	zǒng shì	always
走	zǒu	to go, to walk
走掉	zǒu diào	go away
走近	zǒu jìn	approach
走路	zǒulù	to walk down a road
最	zuì	the most
嘴	zuǐ	mouth
最好	zuì hǎo	the best
最后	zuìhòu	last, at last
最近	zuìjìn	recently
做	zuò	to do
坐	zuò	to sit
做不到	zuò bù dào	can't do
做爱	zuò'ài	to make love
昨天	zuótiān	yesterday
作用	zuòyòng	effect

About the Authors

Jeff Pepper (author) is President and CEO of Imagin8 Press, and has written dozens of books about Chinese language and culture. Over his thirty-five year career he has founded and led several successful computer software firms, including one that became a publicly traded company. He's authored two software related books and was awarded three U.S. patents.

Dr. Xiao Hui Wang (translator) has an M.S. in Information Science, an M.D. in Medicine, a Ph.D. in Neurobiology and Neuroscience, and 25 years experience in academic and clinical research. She has taught Chinese for over 10 years and has extensive experience in translating Chinese to English and English to Chinese.